中国特色高水平高职学校和专业建设计划建设成果

浙江省高职院校重点暨优质校建设成果

浙江省高校"十三五"优势专业投资与理财专业建设成果

浙江省普通高校"十三五"新形态教材项目

《投资理财综合技能》课程系列教材

基金投资

FUND INVESTMENT

主 编 蔡茂祥 严卫华

浙江大学出版社

ZHEJIANG UNIVERSITY PRESS

图书在版编目（CIP）数据

基金投资 / 蔡茂祥　严卫华主编. -- 杭州：浙江大学出版社，
2020.12
ISBN 978-7-308-20688-4

Ⅰ．①基…　Ⅱ．①蔡…　②严…　Ⅲ．①基金－投资　Ⅳ．
①F830.59

中国版本图书馆CIP数据核字(2020)第204495号

基金投资

蔡茂祥　严卫华　主编

责任编辑	赵　静	
责任校对	董雯兰	
封面设计	林智广告	
出版发行	浙江大学出版社	
	（杭州市天目山路148号　　邮政编码　310007）	
	（网址：http://www.zjupress.com）	
排　　版	杭州林智广告有限公司	
印　　刷	浙江省邮电印刷股份有限公司	
开　　本	787mm×1092mm　1/16	
印　　张	5.5	
字　　数	102千	
版 印 次	2020年12月第1版　2020年12月第1次印刷	
书　　号	ISBN 978-7-308-20688-4	
定　　价	22.00元	

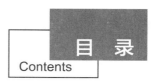

目 录

Contents

实训一
基金概念与运作流程

➤ **知识目标**

熟悉基金的概念、特点、运作流程及基金当事人。

➤ **能力目标**

一、掌握基金和股票、债券的区别。

1. 掌握基金的概念和特点。

2. 掌握基金和股票、债券的区别。

二、掌握基金的运作流程。

1. 熟悉基金运作过程中涉及当事人的流程。

2. 熟悉基金主要当事人的职责。

➤ **知识链接**

一、基金的概念

基金即证券投资基金，是指通过发售基金份额，将众多投资者的资金集中起来，形成独立资产，由基金托管人托管，基金管理人管理，以投资组合的方式进行证券投资的一种利益共享、风险共担的集合投资方式。

基金通过发行基金份额的方式募集资金，个人投资者和机构投资者通过购买一定数量的基金份额参与基金投资，成为基金的持有人。基金所募集的资金由选定的基金托管人保管，并委托基金管理人进行股票、债券等证券投资。基金的出资人是基金持有人，因此基金持有人是基金的所有者，基金投资收益在扣除掉相应的费用后的剩余部分全部归基金持有人所有，并根据投资者持有的份额比例分享基金收益。当然，如果基金运作亏损了，相应的损失也由基金持有人承担。

— 1 —

图 1-1 我国的分级基金

投资基金在不同的国家或地区的称谓有所不同，美国称为"共同基金"，英国和我国香港称为"单位信托基金"，日本和我国台湾地区称为"证券投资信托基金"。

我国的分级基金见图 1-1.

二、基金的特点

（一）组合投资，降低风险

基金将资产按比例分摊到各种证券商，通过适当的分散和组合降低投资风险。基金的多样化投资组合对于中小投资者是非常重要的。中小投资者受资本规模的限制，一方面，交易成本占资本化总额的比重过大；另一方面，购买证券的数量不足或种类过少而难以有效地分散投资风险。而基金通常会购买几十种甚至上百种股票，投资者购买基金就相当于用很少的资金购买了一篮子股票。在多数情况下，某些股票价格下跌造成的损失可以用其他股票的价格上涨产生的盈利来弥补，因此投资者可以充分享受到组合投资、分散风险的好处。

（二）集合投资，专家理财

基金把中小资本汇集成大资本从而有利于发挥资金的规模优势，降低平均交易成本。基金由基金管理人进行投资管理和运作。基金管理人都是由专职证券分析师和有丰富投资经验的专业人士组成的机构。他们具有必备的专业知识和丰富的成功管理基金的经验，能够使用最先进的证券组合技术在充分分散风险的情况下谋取最大的投资收益，这些都是一般的中小投资者所不具备的。中小投资者通过购买基金可以相对稳定地获取收益，节约理财的实际成本。所以我们可以这么说，中小投资者购买基金，相当于花很少的钱就聘请了大量的专业人才为其进行理财服务。

（三）门槛较低，共同投资

通常基金公司为了适应不同阶层人士的需要，在设立基金时每一基金单位的购买价很低，有的根本没有投资额的限制。投资者可以根据自己的实际情况购买，从而解决了中小投资者入市难的问题。再者，当今的基金市场竞争非常激烈，基金管理人除不断改善服务质量外，收取的管理费和购买费用也非常低廉，投资者只需要花费比自己聘请经纪人低得多的费用就可以享受到专业投资经理的服务。

（四）种类繁多，选择性强

基金可以按照不同的分类标准分为不同的类型，不同类型基金之间有很大的差异，这种差异性可以使投资者根据自己的风险承受能力和偏好选择适合自己的基金类型，例如若一个投资者对风险承受能力强，那他可以选择积极成长型基金，因为这类基金有最好的投资绩效，但同时风险也很大。

（五）交易方便，流动性好

基金的买卖程序非常简便。对开放式基金而言，投资者可以向基金管理公司或通过代理销售机构，比如银行、证券公司等随时购买或赎回基金单位，买卖过程非常便捷，如果投资者已持有基金一段时间，那么费用也非常低廉。而对封闭式基金而言，可以像股票、债券一样，在证券交易所进行交易，简单方便。

基金的基本含义及特点

三、基金与其他金融工具的比较

（一）基金与股票、债券的比较

基金和股票、债券相比，既有相同点，也有不同点。其相同点表现为：它们都是有价证券，都能够进行交易，投资者通过投资基金、股票、债券都可以获得一定的预期收益率并承担一定的风险。

其不同点表现为以下几个方面。

1. 反映的经济关系不同

股票反映的是一种所有权关系，投资者购买股票后成为公司的股东；债券反映的是一种债权债务关系，投资者购买债券后成为发行者的债权人；基金反映的是一种信托关系，投资者购买基金分红后成为基金的受益人。

2. 所筹资金的投向不同

股票和债券都是直接投资工具，筹集的资金主要投向实业领域；基金是一种间接的投资工具，所筹集的资金主要投向有价证券等金融工具。

3. 投资收益与风险大小不同

一般情况下，股票价格的波动性大，是一种高风险、高收益的投资品种；债券可以给投资者带来稳定的利息收入，价格波动小，是一种低收益、低风险的投资品种；基金投资于众多金融工具或产品，能有效分散风险，是一种风险相对适中、收益相对稳健的投资品种。

（二）基金与银行储蓄存款的比较

在我国，由于开放式基金的主要代销渠道之一是银行，导致许多投资者误认为基金是银行发行的金融产品，与银行储蓄存款没有太大区别。实际上，二者有着本质的不同，主要表现在以下几个方面。

我国基金业发展概况

1. 性质不同

基金是一种受益凭证，基金财产独立于基金管理人；基金管理人只是受托管理投资者资金，并不承担投资损失的风险。银行储蓄存款表现为银行的负债，是一种信用凭证；银行对存款者负有法定的保本付息责任。

2. 收益与风险特性不同

基金收益具有一定的波动性，投资风险较大；银行存款利率相对固定，投资者损失本金的可能性很小，投资相对比较安全。

3. 信息披露程度不同

基金管理人必须定期向投资者公布基金的投资运作情况；银行吸收存款之后，不需要向存款人披露资金的运用情况。

四、基金的运作流程

从图 1-2 可以看出，基金投资者购买基金份额后成为基金的持有人，基金把基金份额持有人购买基金的资金募集在一起，然后把资金交给专门的基金托管人（签约银行）进行保管，把基金交给基金管理公司（基金管理人）进行管理，基金市场上的各类中介服务机构通过自己的专业服务参与基金市场，监管机构则对基金市场上的各种参与主体进行全面监管。

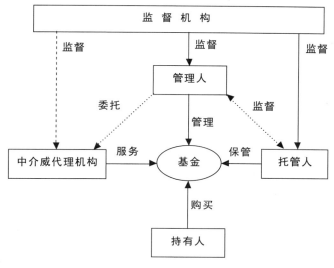

图 1-2　基金运作流程

五、基金的参与主体

在基金市场上，存在许多不同的参与主体。依据所承担的职责与作用的不同，可以将基金市场的参与主体分为基金当事人、基金市场服务机构、基金监管机构和自律组织三大类。

（一）基金当事人

我国的证券投资基金依据基金合同设立，基金份额持有人、基金管理人与基金托管人是基金合同的当事人，简称基金当事人。

1. 基金份额持有人

基金份额持有人即基金投资者，是基金的出资人、基金资产的所有者和基金投资回报的受益人。按照《中华人民共和国证券投资基金法》（简称《证券投资基金法》）的规定，我国基金份额持有人享有以下权利：分享基金财产收益，参与分配清算后的剩余基金财产，依法转让或者申请赎回其持有的基金份额，按照规定要求召开基金份额持有人大会或者召集基金份额持有人大会，对基金份额持有人大会审议事项行使表决权，查阅或者复制公开披露的基金信息资料，对基金管理人、基金托管人、基金服务机构损害其合法权益的行为依法提出诉讼，基金合同约定的其他权利。

2. 基金管理人

基金管理人是基金产品的募集者和管理者，其最主要的职责就是按照基金合同的约定，负责基金资产的投资运作，在有效控制风险的基础上为基金投资者争取最大的投资收益。基金管理人在基金运作中具有核心作用，基金产品的设计、基金份额的销售与注册登记、基金资产的管理等重要职能多半由基金管理人或基金管理人选定的其他服务机构承担。在我国，基金管理人只能由依法设立的基金管理公司担任。

其主要职责为：

（1）依法募集基金，办理或者委托经国务院证券监督管理机构认定的其他机构代为办理基金份额的发售、申购、赎回和登记事宜；

（2）办理基金备案手续；

（3）对所管理的不同基金财产分别管理、分别记账，进行证券投资；

（4）按照基金合同的约定确定基金收益分配方案，及时向基金份额持有人分配收益；

（5）进行基金会计核算并编制基金财务会计报告；

（6）计算并公告基金资产净值，确定基金份额申购、赎回价格；

（7）召集基金份额持有人大会；等等。

▶ 案例

华富科技动能混合基金

华富科技动能混合型证券投资基金（以下简称"本基金"）的募集申请经中国证监会 2019 年 6 月 27 日证监许可〔2019〕1208 号文准予募集注册。

基金管理人保证本招募说明书的内容真实、准确、完整。本招募说明书经中国证监会注册，但中国证监会对本基金募集的注册，并不表明其对本基金的投资价值和市场前景作出实质性判断或保证，也不表明投资于本基金没有风险。

投资有风险，投资者认购（或申购）基金时应认真阅读基金合同、本招募说明书等信息披露文件，自主判断基金的投资价值。投资者根据所持有份额享受基金的收益，但同时也需承担相应的投资风险。本基金为混合型基金，其预期收益及预期风险水平高于债券型基金和货币市场基金，但低于股票型基金。

一、基金管理人的职责

1. 依法募集资金，办理或者委托经中国证监会认定的其他机构代为办理基金份额的发售、申购、赎回和登记事宜。

2. 办理基金备案手续。

3. 自基金合同生效之日起，以诚实信用、谨慎勤勉的原则管理和运用基金财产。

4. 配备足够的具有专业资格的人员进行基金投资分析、决策，以专业化的经营方式管理和运作基金财产。

5. 建立健全内部风险控制、监察与稽核、财务管理及人事管理等制度，保证所管理的基金财产和基金管理人的财产相互独立，对所管理的不同基金分别管理，分别记账，进行证券投资。

6. 除依据《基金法》、基金合同及其他有关规定外，不得利用基金财产为自己及任何第三人谋取利益，不得委托第三人运作基金财产。

7. 依法接受基金托管人的监督。

8. 采取适当合理的措施使计算基金份额认购、申购、赎回和注销价格的方法符合基金合同等法律文件的规定，按有关规定计算并公告基金资产净值，确定基金份额申购、赎回的价格。

9. 进行基金会计核算并编制基金财务会计报告。

10. 编制季度、半年度和年度基金报告。

11. 严格按照《基金法》、基金合同及其他有关规定，履行信息披露及报告义务。

12. 保守基金商业秘密，不泄露基金投资计划、投资意向等。除《基金法》、基金合同及其他有关规定另有规定外，在基金信息公开披露前应予保密，不向他人泄露。

13. 按照基金合同的约定确定基金收益分配方案，及时向基金份额持有人分配基金收益。

14. 按规定受理申购与赎回申请，及时、足额支付赎回款项。

15. 依据《基金法》、基金合同及其他有关规定召集基金份额持有人大会或配合基金托管人、基金份额持有人依法召集基金份额持有人大会。

16. 按规定保存基金财产管理业务活动的会计账册、报表、记录和其他相关资料 15 年以上。

17. 确保需要向基金投资者提供的各项文件或资料在规定时间发出，并且保证投资者能够按照基金合同规定的时间和方式，随时查阅到与基金有关的公开资料，并在支付合理成本的条件下得到有关资料的复印件。

18. 组织并参加基金财产清算小组，参与基金财产的保管、清理、估价、变现和分配。

19. 面临解散、依法被撤销或者被依法宣告破产时，及时报告中国证监会并通知基金托管人。

20. 因违反基金合同导致基金财产的损失或损害基金份额持有人合法权益时，应当承担赔偿责任，其赔偿责任不因其退任而免除。

21. 监督基金托管人按法律法规和基金合同规定履行自己的义务，基金托管人违反基金合同造成基金财产损失时，基金管理人应为基金份额持有人利益向基金托管人追偿。

22. 当基金管理人将其义务委托第三方处理时，应当对第三方处理有关基金事务的行为承担责任。

23. 以基金管理人名义，代表基金份额持有人利益行使诉讼权利或实施其他法律行为。

24. 基金管理人在募集期间未能达到基金的备案条件，基金合同不能生效，基金管理人承担全部募集费用，将已募集资金并加计银行同期存款利息在基金募集期结束后 30 日内退还基金认购人。

25. 执行生效的基金份额持有人大会的决议。

26. 建立并保存基金份额持有人名册。

27. 法律法规及中国证监会规定的和《基金合同》约定的其他义务。

节选自《华富科技动能混合基金招募说明书》。

3. 基金托管人

为了保证基金资产的安全，《证券投资基金法》规定，基金资产必须由独立于基金管理人的基金托管人保管，从而使得基金托管人成为基金的当事人之一。基金托管人的职责主要体现在基金资产保管、基金资金清算、会计复核以及对基金投资运作的监督等方面。在我国，基金托管人只能由依法设立并取得基金托管资格的商业银行担任。

其主要职责为：

（1）安全保管基金财产；

（2）按照规定开设基金财产的资金账户和证券账户；

（3）对所托管的不同基金财产分别设置账户，确保基金财产的完整与独立；

（4）保存基金托管业务活动的记录、账册、报表和其他相关资料；

（5）按照基金合同的约定，根据基金管理人的投资指令，及时办理清算、交割事宜；

（6）办理与基金托管业务活动有关的信息披露事项；等等。

（二）基金市场服务机构

基金管理人、基金托管人既是基金的当事人，又是基金的主要服务机构。除基金管理人与基金托管人外，基金市场上还有许多面向基金提供各类服务的其他机构。这些机构主要包括基金销售机构、注册登记机构、律师事务所、会计师事务所、基金投资咨询机构、基金评级机构等。

1. 基金销售机构

基金销售机构是受基金管理公司委托从事基金代理销售的机构。通常，只有机构客户或资金规模较大的投资者才直接通过基金管理公司进行基金份额的直接买卖，一般资金规模较小的普通投资者通常经过基金代销机构进行基金的申（认）购与赎回或买卖。在我国，只有中国证券监督管理委员会（简称"中国证监会"）认定的机构才能从事基金的代理销售。目前，商业银行、证券公司、证券投资咨询机构、专业基金销售机构以及中国证监会规定的其他机构，均可以向中国证监会申请基金代销业务资格，从事基金的代销业务。

2. 注册登记机构

基金注册登记机构是指负责基金登记、存管、清算和交收业务的机构。其具体业务包括投资者基金账户管理、基金份额注册登记、清算及基金交易确认、红利发放、基金份额持有人名册的建立与保管等。目前，在我国承担基金份额注册登记工作的主要是基金管理公司自身和中国证券登记结算有限责任公司（简称"中国结算公司"）。

3. 律师事务所和会计师事务所

律师事务所和会计师事务所作为专业、独立的中介服务机构，为基金提供法律、会计服务。

4. 基金投资咨询机构与基金评级机构

基金投资咨询机构是向基金投资者提供基金投资咨询建议的中介机构；基金评级机构则是向投资者以及其他市场参与主体提供基金评价业务、基金资料与数据服务的机构。

（三）基金监管机构和自律组织

1. 基金监管机构

为了保护基金投资者的利益，世界上不同国家和地区都对基金活动进行严格的监督管理。基金监管机构通过依法行使审批或核准权，依法办理基金备案，对基金管理人、基金托管人以及其他从事基金活动的中介机构进行监督管理，对违法违规行为进行查处，因此其在基金的运作过程中起着重要的作用。

基金的当事人

2. 基金自律组织

证券交易所是基金的自律管理机构之一。我国的证券交易所是依法设立的，不以营利为目的，为证券的集中和有组织的交易提供场所和设施，履行国家有关法律法规、规章、政策规定的职责，实行自律性管理的法人。一方面，封闭式基金、上市开放式基金和交易型开放式指数基金等需要通过证券交易所募集和交易，而且还必须遵守证券交易所的规则；另一方面，经中国证监会授权，证券交易所对基金的投资交易行为还承担着重要的一线监控职责。

基金行业自律组织是由基金管理人、基金托管人或基金销售机构等行业组织成立的同业协会。同业协会在促进同业交流、提高从业人员素质、加强行业自律管理、促进行业规范发展等方面具有重要的作用。

➤ **实训要求**

扫码练一练

1. 查询目前我国基金市场上的基金数量和基金规模。
2. 选择一只基金，分析基金的各种参与主体在基金运作中的作用。

实训二

基金的种类

➤ **知识目标**

熟悉各种不同类型的基金。

➤ **能力目标**

1. 掌握公司型基金与契约型基金、开放式基金与封闭式基金等主要类型基金的特点；

2. 掌握诸如指数基金、保本基金等特殊类型基金的投资组合构造原理；

3. 能够通过行情软件查询不同的基金。

➤ **知识链接**

一、公司型基金和契约型基金

根据组织形态的不同，基金可以分为公司型基金和契约型基金。

公司型基金按照公司法组成，它本身是一家股份有限公司，它通过发行股票或债券等方式来筹集资金，然后交给某一选定的基金管理公司进行投资，投资者凭其持有的股份依法分享投资收益。

契约型基金指基金发起人依据其与基金管理人、基金托管人订立的基金契约，发行基金单位而组建的投资基金，这种基金通常以发行受益凭证的方式向投资大众筹集资金。

公司型基金和契约型基金的主要区别如下。

（一）法律主体资格不同

契约型基金不具有法人资格，公司型基金具有法人资格。

（二）投资者的地位不同

契约型基金依据基金合同成立。基金投资者主要通过基金持有人大会行使自己的权利，但与公司型基金的股东大会相比，契约型基金持有人大会赋予基金持有人的权利相对较小。

（三）基金运营依据不同

契约型基金依据基金合同运营基金，公司型基金依据基金公司章程运营基金。

（四）筹资工具不同

契约型基金通过向投资者发行受益凭证筹集资金，而公司型基金由于本身是由公司法成立的公司，因此主要通过发行股票和债券筹集资金。

需要说明的是，虽然公司型基金和契约型基金有一定的区别，但它们并没有优劣之分，因此，很多国家既有公司型基金又有契约型基金。

二、开放式基金和封闭式基金

根据基金规模是否可变，基金可以分为开放式基金和封闭式基金。

开放式基金指投资者可以按基金的报价在基金管理人指定的营业场所进行申购或赎回，从而使得基金份额有增有减的基金。当投资者申购基金份额时，基金份额增加；当投资者赎回基金份额时，基金份额减少。

封闭式基金指基金发行份额事先确定，在基金封闭期内基金份额总数保持不变，但可以上市交易的基金。投资者可以像买卖股票、债券那样买卖封闭式基金，当交易完成时，基金份额从一个投资者账户转移到另一个投资者账户。

开放式基金和封闭式基金的主要区别如下。

（一）期限不同

封闭式基金一般有一个固定的存续期，而开放式基金一般是无期限的。我国《证券投资基金法》规定，封闭式基金的存续期应在 5 年以上，封闭式基金期满后可以通过一定的法定程序延期，也可以按照一定的程序采取"封转开"的方式，把封闭式基金转化成开放式基金。目前，我国封闭式基金的存续期大多在 15 年左右。对于在 1992 年前后成立的封闭式基金，到 2007 年、2008 年时到期了，封闭式基金大量减少，因此，我国封闭式基金的数量会随着新的封闭式基金的设立和封闭式基金到期消亡而变化。

（二）份额限制不同

封闭式基金的基金份额是固定的，在封闭期内未经法定程序认可不能增减；开放式基金份额是不固定的，投资者在基金开放日可随时提出申购或赎回申请，基金份额会随之增加或减少。但需要注意的是，无论是开放式基金还是封闭式基金，它们的资产会随着投资资产价值的变化而变化。

（三）交易场所不同

封闭式基金份额固定，在完成募集后，基金份额在证券交易所上市交易。投资者买卖封闭式基金份额，只能委托证券公司在证券交易所按市价买卖，交易在投资者之间完成。开放式基金份额不固定，投资者可以按照基金管理人确定的时间和地点向基金管理人或其销售代理人提出申购、赎回申请，交易在投资者与基金管理人之间完成。正是由于开放式基金和封闭式基金的交易方式的不同，才使得封闭式基金完成交易时，基金份额不会发生改变；而开放式基金完成交易时，基金份额会发生改变。

（四）价格形成方式不同

封闭式基金的交易价格主要受二级市场供求关系的影响，如果供不应求，基金交易价格会超过单位基金资产净值，出现溢价；如果供过于求，基金交易价格会低于单位基金资产净值，出现折价，但一般在基金净值上下波动。开放式基金的价格以基金份额净值为基础，交易价格一般在单位基金资产净值上下浮动。

（五）激励约束机制与投资策略不同

封闭式基金份额固定，即使基金表现好，其扩展能力也受到较大的限制，基金份额必须按照法定的程序才能增加。如果表现不尽如人意，由于投资者无法赎回投资，基金经理也不会在经营与流动性管理上面临直接的压力，对基金管理人约束的能力弱。与此不同，如果开放式基金的业绩表现好，就会吸引到新的投资，基金管理人的管理费收入也会随之增加；如果基金表现差，开放式基金则面临来自投资者要求赎回投资的压力。因此，与封闭式基金相比，一般开放式基金向基金管理人提供了更好的激励约束机制。

除此以外，由于封闭式基金没有赎回压力，因此封闭式基金募集的资金可以进行长期投资；开放式基金面临着投资者的赎回压力，因此开放式基金必须留存一部分资金，且投资资金一般也必须留存一定比例进行短期投资。

从以上的比较可以看出，相对于封闭式基金，开放式基金流动性更强，不存在折价的问题，因此，投资者普遍偏好开放式基金。我国开放式基金发展迅猛，目前在我国基金市场上，开放式基金无论从数量上还是资产规模上都占据绝对核心地位。

三、股票型基金、债券型基金、混合型基金和货币市场基金

根据投资对象的不同，基金可分为股票型、债券型、混合型和货币市场基金。

（一）股票型基金

股票型基金指发行基金证券所募集的资金主要投资于上市股票的证券投资基金。根据中国证监会对基金类别的分类标准，基金资产80%以上投资于股票的为股票型基金。

股票型基金所面临的投资风险主要包括系统性风险、非系统性风险以及管理运作风险。系统性风险即市场风险，是指由整体政治、经济、社会等环境因素对证券价格所造成的影响。系统性风险包括政策风险、经济周期性波动风险、利率风险、购买力风险、汇率风险等。这种风险不能通过分散投资加以消除，因此又称为不可分散风险。非系统性风险是指个别证券特有的风险，包括企业的信用风险、经营风险、财务风险等。非系统性风险可以通过分散投资加以规避，因此又称为可分散风险。管理运作风险是指由于基金经理对基金的主动性操作行为而导致的风险，如基金经理不适当地对某一行业或个股的集中投资给基金带来的风险。

股票型基金通过分散投资可以大大降低个股投资的非系统性风险，但却不能回避系统性投资风险，而管理运作风险则因基金而异。

➤ **知识拓展**

股票和股票型基金的比较

股票型基金是把募集到的大众的资金主要投资于股票，与单一股票相比，它们之间存在以下区别：

1.股票价格在每一交易日内始终处于变动之中；股票基金净值的计算每天只进行1次，因此每一交易日股票型基金（开放式基金）只有1个价格。

2.股票价格会由于投资者买卖股票数量的大小和强弱的对比而受到影响，股票型基金份额净值不会由于买卖数量或申购、赎回数量的多少而受到影响。

3.人们在投资股票时，一般会根据上市公司的基本面，如财务状况、产品的市场竞争力、盈利预期等方面的信息对股票价格高低的合理性作出判断，但却不能对股票型基

金份额净值进行合理与否的评判。换而言之，对基金份额净值高低进行合理与否的判断是没有意义的，因为基金份额净值是由其持有的证券价格复合而成的。

4. 单一股票的投资风险较为集中，投资风险较大；股票型基金由于进行分散投资，投资风险低于单一股票的投资风险。但从风险来源看，股票型基金增加了基金经理投资的委托代理风险。

（二）债券型基金

债券型基金是指发行基金证券所募集的资金主要投资于可流通的国债、地方政府债券和公司债券的证券投资基金。根据中国证监会对基金类别的分类标准，基金资产 80% 以上投资于债券的为债券型基金。

债券型基金主要的投资风险包括利率风险、信用风险、提前赎回风险以及通货膨胀风险。

1. 利率风险

债券的价格与市场利率变动密切相关且呈反方向变动。当市场利率上升时，大部分债券的价格会下降；当市场利率降低时，债券的价格通常会上升。通常，债券的到期日越长，债券价格受市场利率的影响就越大。与此相类似，债券型基金的价值会受到市场利率变动的影响。债券型基金的平均到期日越长，其利率风险就越高。

2. 信用风险

信用风险是指债券发行人没有能力按时支付利息、到期归还本金的风险。如果债券发行人不能按时支付利息或偿还本金，该债券就面临很高的信用风险。投资者为弥补低等级信用债券可能面临的较高信用风险，往往会要求较高的收益补偿。一些债券评级机构会对债券的信用进行评级。如果某债券的信用等级下降，将会导致该债券的价格下跌，持有这种债券的基金的资产净值也会随之下降。

3. 提前赎回风险

提前赎回风险是指债券发行人有可能在债券到期日之前回购债券的风险。当市场利率下降时，债券发行人能够以更低的利率融资，因此可以提前偿还高息债券。持有附有提前赎回权债券的基金将不仅不能获得高息收益，而且还会面临再投资风险。

4. 通货膨胀风险

通货膨胀会吞噬固定收益所形成的购买力，因此债券型基金的投资者不能忽视这种风险，必须适当地购买一些股票型基金。

➤ **知识拓展**

债券和债券型基金的比较

债券型基金把募集到的大众的资金主要投资于债券，与单一债券相比，它们之间存在以下区别。

1.债券型基金的收益不如债券的利息固定

投资者购买固定利率性质的债券，在购买后会定期得到固定的利息收入，并可在债券到期时收回本金。债券型基金作为不同债券的组合，尽管也会定期将收益分配给投资者，但债券型基金分配的收益有升有降，不如债券的利息固定。

2.债券型基金（开放式基金）没有确定的到期日

与一般债券会有一个确定的到期日不同，债券型基金由一组具有不同到期日的债券组成，因此并没有一个确定的到期日。不过为分析债券型基金的特性，我们仍可以对债券型基金所持有的所有债券计算出一个平均到期日。

3.债券型基金的收益率比买入并持有到期的单个债券的收益率更难以预测

单一债券可以根据购买价格、现金流以及到期收回的本金计算其投资收益率；但债券型基金由一组不同的债券组成，收益率较难计算和预测。

4.投资风险不同

单一债券随着到期日的临近，所承担的利率风险会下降。债券型基金没有固定到期日，所承担的利率风险将取决于所持有的债券的平均到期日。债券型基金的平均到期日常常会相对固定，债券型基金所承受的利率风险通常也会保持在一定的水平。单一债券的信用风险比较集中，而债券型基金通过分散投资则可以有效避免单一债券可能面临的较高的信用风险。

（三）混合型基金

混合型基金也称为配置型基金，是指发行基金证券所募集的资金投资于股票、债券以及货币市场工具的基金，且不符合股票型基金和债券型基金的分类标准。

混合型基金的投资风险主要取决于股票与债券配置的比例大小。一般而言，偏股型基金、灵活配置型基金的风险较高，但预期收益率也较高；偏债型基金的风险较低，预期收益率也较低；股债平衡型基金的风险与收益则较为适中。

混合型基金尽管提供了一种"一站式"的资产配置投资方式，但如果购买多只混合型基金，投资者在各种大类资产上的配置可能变得模糊不清，这将不利于投资者根据市场状况进行有效的资产配置。

（四）货币市场基金

货币市场基金是指发行基金证券所募集的资金主要投资于大额可转让定期存单、银行承兑汇票、商业本票等货币市场工具的证券投资基金。

与其他类型基金相比，货币市场基金具有风险低、流动性好的特点。货币市场基金是厌恶风险、对资产流动性和安全性要求较高的投资者进行短期投资的理想工具，或暂时存放现金的理想场所。但需要注意的是，货币市场基金的长期收益率较低，并不适合进行长期投资。

货币市场基金同样会面临利率风险、购买力风险、信用风险、流动性风险。但由于我国货币市场基金不得投资于剩余期限高于 397 天的债券，投资组合的平均剩余期限不得超过 180 天，实际上货币市场基金的风险是较低的。与银行存款不同，货币市场基金并不保证收益水平。因此，尽管货币市场基金的风险较低，但并不意味着货币市场基金没有投资风险。

基金的基本类型

➤ **知识拓展**

货币市场基金

货币市场基金投资对象

按照《货币市场基金管理暂行规定》以及其他有关规定，目前我国货币市场基金能够进行投资的金融工具主要包括：（1）现金；（2）1 年以内（含 1 年）的银行定期存款、大额存单；（3）剩余期限在 397 天以内（含 397 天）的债券；（4）期限在 1 年以内（含 1 年）的债券回购；（5）期限在 1 年以内（含 1 年）的中央银行票据；（6）剩余期限在 397 天以内（含 397 天）的资产支持证券。

货币市场基金不得投资于以下金融工具：（1）股票；（2）可转换债券；（3）剩余期限超过 397 天的债券；（4）信用等级在 AAA 级以下的企业债券；（5）国内信用评级机构评定的 A-1 级或相当于 A-1 级的短期信用级别及该标准以下的短期融资券；（6）流通受限的证券。

货币市场基金的份额净值固定在 1 元人民币，基金收益通常用日每万份基金净收益和最近 7 日年化收益率表示。

货币市场基金可以投资于剩余期限小于 397 天但剩余存续期超过 397 天的浮动利率债券。虽然其剩余期限小于 397 天，但实际上该债券品种的期限往往很长（如 10 年），因此，该券种在收益率、流动性、信用风险、利率风险等方面会与同样剩余期限的其他券种存在差异。在判断基金组合剩余期限分布时，应充分考虑基金投资该类债券的情况。

四、其他类型基金

（一）根据投资目标的不同，可以将基金分为增长型基金、收入型基金和平衡型基金

增长型基金是指以追求资本增值为基本目标，较少考虑当期收入的基金，主要以具有良好增长潜力的股票为投资对象。

基金的特殊品种

收入型基金是指以追求稳定的经常性收入为基本目标的基金，主要以大盘蓝筹股、公司债券、政府债券等稳定收益证券为投资对象。

平衡型基金则是既注重资本增值又注重当期收入的一类基金。

一般而言，增长型基金的风险大、收益高；收入型基金的风险小、收益较低；平衡型基金的风险、收益则介于增长型基金与收入型基金之间。根据投资目标的不同，既有以追求资本增值为基本目标的增长型基金，也有以获取稳定的经常性收入为基本目标的收入型基金和兼具增长与收入双重目标的平衡型基金。不同的投资目标决定了基金的基本投向与基本的投资策略，以适应不同投资者的投资需要。

（二）根据投资理念的不同，基金可分为主动型基金和被动型基金

主动型基金是指基金管理人可以依据基金契约自由选择投资品种，力图取得超越基准组合表现的基金，预期的风险和收益水平都高于被动型基金。它更体现基金管理人的运作水平以及背后强大投研团队的能力。

被动型基金是指并不主动寻求取得超越市场的表现，而是试图复制指数的表现。一般是选取特定的指数作为跟踪对象，以指数所包含的成分股作为投资对象。因此这类基金又被称为指数型基金。

（三）根据募集方式的不同，可以将基金分为公募基金和私募基金

公募基金是指可以面向社会公众公开发售的一类基金。

私募基金则是只能采取非公开方式，面向特定投资者募集发售的基金。

公募基金主要具有如下特征：可以面向社会公众公开发售基金份额和宣传推广，基金募集对象不固定；投资金额要求低，适宜中小投资者参与；必须遵守基金法律和法规的约束，并接受监管部门的严格监管。

（四）指数基金

指数基金就是按照某种指数构成的标准购买该指数包含的全部或者大部分证券的基金。其编制原理为：拟合目标指数、跟踪目标指数变化，实现与市场同步成长。

指数基金的投资采取拟合目标指数收益率的投资策略，分散投资于目标指数的成分股，力求股票组合的收益率拟合该目标指数所代表的资本市场的平均收益率。

一是费用低廉。这是指数基金最突出的优势。费用主要包括管理费用、交易成本和销售费用三个方面。管理费用是指基金经理人进行投资管理所产生的成本，交易成本是指在买卖证券时发生的经纪人佣金等交易费用。由于指数基金采取持有策略，不用经常换股，这些费用远远低于积极管理的基金，这个差异有时达到了1%～3%，虽然从绝对额上看这是一个很小的数字，但是由于复利效应的存在，在一个较长的时期里累积的结果将对基金收益产生巨大影响。

二是分散防范风险。一方面，由于指数基金广泛地分散投资，任何单个股票的波动都不会对指数基金的整体表现构成影响，从而分散风险。另一个方面，由于指数基金所盯住的指数一般都具有较长的历史可以追踪，因此，在一定程度上指数基金的风险是可以预测的。

三是延迟纳税。由于指数基金采取了一种购买并持有的策略，所持有股票的换手率很低，只有当一个股票从指数中剔除的时候，或者投资者要求赎回投资的时候，指数基金才会出售持有的股票，实现部分资本利得，这样，每年所交纳的资本利得税（在美国等发达国家中，资本利得属于所得纳税的范围）很少，再加上复利效应，延迟纳税会给投资者带来很多好处，尤其在累积多年以后，这种效应就会愈加突出。

四是监控较少。由于运作指数基金不用进行主动的投资决策，所以基金管理人基本上不需要对基金的表现进行监控。指数基金管理人的主要任务是监控对应指数的变化，以保证指数基金的组合构成与之相适应。

（五）系列基金

系列基金又称为伞型基金，是指多个基金共用一个基金合同，子基金独立运作，子基金之间可以进行相互转换的一种基金结构形式。其特征如下。

（1）法律契约的同一性。虽然在母基金下有多个子基金，但所有的子基金共用一个基金合同。

（2）基金体系的开放性。在伞形基金中，母基金下面的子基金并没有数量上的限制，因此，基金管理公司可以根据不同的细分市场开发出不同的子基金，基金体系开放。

（3）基金品种的多样性。母基金下的子基金一般都是不同类型的基金，方便投资者根据市场行情在不同子基金之间进行转换。

（4）子基金之间的相互独立性。各个子基金依据不同的投资方针和投资目标进行独立的投资决策。

（5）子基金之间的可转换性。伞形基金内部可以为投资者提供多种投资选择，投资者可根据市场行情的变化以及各子基金的经营业绩情况，方便地选择和转换不同的子基金，而且各子基金间转换的成本较低。

（六）保本基金

它是指在一定投资期限内，基金管理人对投资者所投资的本金提供一定比例保证的基金。境外的保本基金形式多样。其中，基金提供的保证有本金保证、收益保证和红利保证，具体比例由基金公司自行规定。一般本金保证比例为100%，但也有低于100%或高于100%的情况。至于是否提供收益保证和红利保证，则各基金情况各不相同。通常，保本基金若有担保人，则可为投资者提供到期后获得本金和收益的保障。保本基金之所以可以保本，是因为保本基金在运作时，把基金分成两部分，一部分投资在固定收益上，一部分投资在风险资产上。

保本基金

五、基金查询

（一）基金编码规则

在上海证券交易所挂牌的证券投资基金使用50～59开头的6位数字编码，在深圳证券交易所挂牌的证券投资基金使用15～19开头的6位数字编码（见表2-1、2-2）。

表 2-1　上海证券交易所基金编码

第一位	第二、三位	业务定义
5	00	契约型封闭式基金
	10	交易型开放式指数证券投资基金
	19	开放式基金申赎
	21	开放式基金认购
	22	开放式基金跨市场转托管
	23	开放式基金分红
	24	开放式基金转换

表 2-2　深圳证券交易所基金编码

第一位	第二、三位	业务定义
	84	封闭式基金
	59	交易型开放式指数证券投资基金
	60—69	上市型开放式基金
	50	创新型封闭式基金

（二）基金查询

1. 基金板块查询

在行情软件中查询基金板块，可以有不同的方法。

（1）利用菜单查询：在行情软件主页面上点击"报价"——"沪深分类"——"交易所基金"，然后按"ENTER"，即可进入基金板块（如图 2-1）。

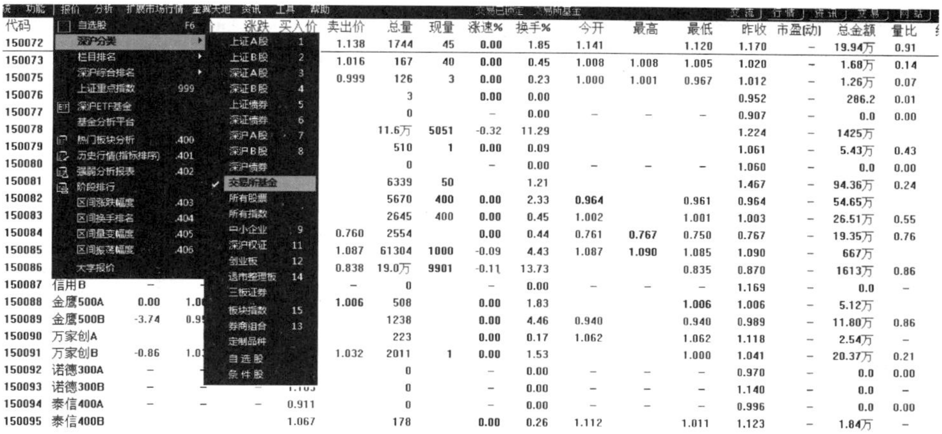

图 2-1　利用菜单查询基金板块

（2）利用便签查询：一般在行情软件主页面下方有一定的便签，其中有一项是"基金"，用鼠标左键点击即可进入基金板块（如图2-2）。

69	150081	双盈B	2.32	1.501	0.034	1.501	1.508	6339	50	0.06	1.21	1.485	1.501	1.476	1.467
70	150082	信达利B	0.00	0.964	0.000	0.964	0.968	5670	400	0.00	2.33	0.964	0.966	0.961	0.964
71	150083	广发100A	-0.20	1.001	-0.002	1.001	1.004	2645	400	0.00	0.45	1.002	1.004	1.001	1.003
72	150084	广发100B	-0.78	0.761	-0.006	0.753	0.760	2554	80	0.00	4.43	0.761	0.767	0.750	0.767
73	150085	中小板A	-0.46	1.085	-0.005	1.085	1.087	61304	1000	-0.09	4.43	1.087	1.090	1.085	1.090
74	150086	中小板B	-3.79	0.837	-0.033	0.837	0.838	19.0万	9901	-0.11	13.73	0.871	0.873	0.835	0.870
75	150087	信用B	—	—	—	—	—	0	0		0.00	—	—	—	1.169
76	150088	金鹰500A	0.00	1.006	0.000	1.006	1.006	500	198	0.00	1.83	1.010	1.010	1.006	1.006
77	150089	金鹰500B	-3.74	0.952	-0.037	0.943	0.995	1238	709	0.00	4.46	0.940	0.998	0.940	0.989
78	150090	万家创A	7.87	1.206	0.088	1.088	1.203	223	73	0.00	0.17	1.062	1.207	1.062	1.118
79	150091	万家创B	-0.86	1.032	-0.009	1.002	1.032	2011	1	0.00	1.53	1.042	1.042	1.000	1.041
80	150092	诺德300A	—	—	—	0.952	0.983	0	0		0.00	—	—	—	0.970
81	150093	诺德300B	—	—	—	1.103	1.158	0	0		0.00	—	—	—	1.140
82	150094	泰信400A	—	—	—	0.911	1.011	0	0		0.00	—	—	—	0.996
83	150095	泰信400B	6.86	1.200	0.077	1.067	1.200	178	9	0.00	0.26	1.112	1.230	1.011	1.123
84	150096	商品A	0.00	1.044	0.000	1.040	1.044	3325	368	0.00	0.49	1.044	1.045	1.044	1.044
85	150097	商品B	-1.29	0.691	-0.009	0.691	0.693	13663	145	0.00	2.03	0.710	0.720	0.691	0.700
86	150098	同庆800A	0.00	1.107	0.000	1.105	1.107	4159	33	0.00	0.04	1.113	1.114	1.103	1.107
87	150099	同庆800B	-1.78	0.826	-0.015	0.826	0.830	39473	1000	0.00	2.66	0.844	0.845	0.825	0.841
88	150100	资源A	-0.42	0.944	-0.004	0.943	0.944	13113	345	0.00	2.64	0.948	0.948	0.943	0.948
89	150101	资源B	-1.66	0.772	-0.013	0.772	0.778	50571	297	0.65	10.17	0.818	0.818	0.760	0.785
90	150102	利众B	-0.10	0.990	-0.001	0.951	0.987	6185	185	0.00	1.53	0.933	0.990	0.933	0.991

分类 ▲股 中小 创业 B股 基金 AH对照 自选 板块 ▲ 自定 掘股 股指期货 商品期货 基金与理财 其它品种 ◀ ▮▮▮ ▶

图2-2　利用便签查询基金板块

2. 具体基金查询

（1）利用代码查询：如果知道基金的代码，直接输入代码，比如，基金科瑞（500056），直接输入"500056"，然后按"ENTER"，就可以进入基金科瑞K线图或者分时图界面（如图2-3）。

图2-3　利用代码查询目标基金

（2）利用拼音缩写查询：还是以基金科瑞为例，另一种方法就是输入"jjkr"即基金科瑞拼音的首字母，然后按"ENTER"，就可以进入基金科瑞 K 线图或者分时图界面。需要说明的是，在用这种方法查询时，右下角会出现一个"键盘精灵"，如果有多个证券，利用向上箭头（↑）或者向下箭头（↓）进行选择，然后再按"ENTER"（如图 2-4）。

	代码	名称	涨幅%	现价	涨跌	买入价	卖出价	总量	现量	涨速%	换手%	今开	最高	最低	昨收	市盈动	总金额	量比	细分行业
1	000001	平安银行	-0.69	10.70	-0.13	10.70	10.71	33.7万	5237	0.00	1.00	10.99	19.22	10.65		6.67	6.30亿	0.41	银行类
2	000002	万 科A	0.46	11.03	0.05	11.03	11.04	48.4万	8531	-0.09	0.50	10.99	11.19	10.99	10.98	18.79	5.37亿	0.42	全国地产
3	000004	国农科技	—	—	—	—	—	0	0	—	0.00	—	—	—	10.64	276.66	0.0	0.00	生物制药
4	000005	世纪星源	0.00	2.61	0.00	2.61	2.62	39293	164	-0.38	0.43	2.62	2.65	2.60	2.61	—	1033万	0.69	区域地产
5	000006	深振业A	-0.68	4.40	-0.03	4.40	4.41	43151	1307	-0.22	0.34	4.44	4.48	4.40	4.43	22.92	1914万	0.42	区域地产
6	000007	零七股份	-4.42	16.20	-0.75	16.10	16.20	34524	1712	-0.61	1.07	16.75	16.75	16.90	16.90	—	5709万	0.50	酒店餐饮
7	000008	宝利来	-3.52	13.70	-0.50	13.70	13.76	8672	147	-0.72	1.18	14.30	14.35	13.70	14.20	131.65	1218万	0.52	综合类
8	000009	中国宝安	-4.52	9.97	-0.47	9.91	9.92	27.3万	3142	0.20	2.53	10.45	10.50	9.81	10.39	107.59	2.75亿	1.07	全国地产
9	000010	S ST华新	—	—	—	—	—	0	0	0.00	—	—	—	—	23.87	—	0.0	—	化工机械
10	000011	深物业A	2.78	7.39	0.20	7.38	7.39	94633	312	0.27	5.39	7.23	7.43	7.23	7.19	4.66	6948万	0.84	区域地产
11	000012	南 玻A	-0.79	7.50	-0.06	7.50	7.51	07629	470	0.00	0.57	7.60	7.69	7.47	7.56	36.14	6600万	0.57	玻璃
12	000014	沙河股份	-0.23	8.59	-0.02	8.58	8.59	38619	281	0.11	1.91	8.61	8.76	8.55	8.61	—	3342万	0.58	全国地产
13	000016	深康佳A	-2.29	3.41	-0.08	3.40	3.41	92100	1213	0.00	0.49	3.49	3.55	3.37	3.49	72.86	3172万	0.62	家用电器
14	000017	*ST中华A	—	—	—	—	—	0	0	0.00	—	—	—	—	4.19	—	0.0	0.00	文教休闲
15	000018	*ST中冠A	0.00	7.77	0.00	7.75	7.77	3018	5	0.00	0.30	7.75	7.87	7.66	7.77	—	235万	0.79	纺织
16	000019	深华宝A	-3.20	7.56	-0.25	7.56	7.57	11072	89	-0.13	0.55	7.73	7.05	7.55	7.01	427.52	051万	0.44	软饮料
17	000020	深华发A	-0.65	6.15	-0.04	6.14	6.15	4286	121	0.00	0.86	6.18	6.22	6.14	6.19	532.10	265万	0.53	元器件
18	000021	长城开发	-3.07	4.11	-0.13	4.11	4.12	32193	827	-0.48	0.24	4.23	4.25	4.11	4.24	—	1343万	0.89	电脑设备
19	000022	深赤湾A	4.24	15.48	0.63	15.48	15.49	11.5万	1536	0.19	2.48	14.86	15.50	14.75	14.85	19.16	1.75亿	2.74	港口
20	000023	深天地A	-0.93	6.36	-0.06	6.36	6.38	11564	243	-0.31	1.09	6.41	6.47	6.32	6.42	—	737万	1.85	建筑施工
21	000024	招商地产	1.19	25.42	0.30	25.41	25.42	00560	449	0.07	1.29	25.31	26.04	25.10	25.12	13.46	2.27亿	0.54	全国地产
22	000025	特 力A	-2.11	6.03	-0.13	6.02	6.03	10839	323	0.00	0.36	6.15	6.18	6.03	6.16	73.24	6		
23	000026	飞亚达A	1.29	7.07	0.09	7.06	7.07	54310	1057	0.00	3.57	7.03	7.15	6.72	6.98	19.37	3/		
24	000027	深圳能源	-0.35	5.81	-0.07	5.80	5.81	50130	2322	-0.51	0.52	5.89	5.96	5.80	16.58	29			
25	000028	国药一致	-4.08	31.48	-1.34	31.48	31.49	21941	34	0.00	0.94	32.51	32.90	31.30	32.82	15.79	70		
26	000029	深深房A	-1.40	3.51	-0.05	3.50	3.51	15965	539	0.06	0.10	3.54	3.56	3.46	3.56	253.02	50		

图 2-4　利用拼音缩写查询目标基金

实训要求

1. 选择股票型基金、债券型基金、混合型基金各一只，分析其资产组合构成以及过去一年的表现。

2. 以某个熟悉的家庭为例，为其选择合适类型的基金进行投资，并说明选择基金的理由。

扫码练一练

实训三
封闭式基金投资分析

熟悉封闭式基金的优势、影响封闭式基金投资策略的因素及开户交易。

给定一只封闭式基金，能够对其进行分析：

1. 分析其折、溢价率；

2. 从折、溢价率，剩余期限，基金规模，基金经理等角度分析其投资价值。

一、封闭式基金的优势

虽然开放式基金是基金未来发展的方向，而且现阶段我国基金市场以开放式基金为主，但无可否认，相对于开放式基金，封闭式基金有其自身的优势。

（一）投资组合的稳定性

当证券市场下挫的时候，开放式基金的投资者为了避免更大的损失，必然会出售手中的基金份额，开放式基金面对赎回的压力，其持有的股票必须具有很好的流动性。而封闭式基金没有这种压力，其可以持有包括股票、国债以及范围更广、流动性相对较弱的其他金融产品，因为其规模是固定的，基金交易不会改变基金的份额。因此，基金管理者不受资金流出影响，可以专注于长期的投资策略，可以投资于长期低流动性的品种，包括投资于重组证券和新兴市场国家的证券，以获取较高的收益。当证券市场处于牛市时，业绩较好的开放式基金经常有大量资金涌入，基金管理者不得不在高位增仓，拉高了基金的总体持仓成本。而封闭式基金的管理者除了扩募之外没有新注入的资金，没有被动增仓的压力。

（二）高杠杆、高风险、高收益性

封闭式基金的规模稳定，基金管理人在出现高回报投资机会时，可以根据需要，融入资金进行投资操作，利用财务杠杆的作用提高基金的收益率。融资可以采取很多方式，包括优先股、逆回购协议、银行贷款以及发行票据等。由于开放式基金的规模是变动的，所以不便于进行融资操作。再加上投资对象的差别，封闭式基金的风险总体上讲比开放式基金大，同时其收益也较开放式高。

（三）投资者对基金价格、时点的控制性

开放式基金净值计算采取未知价方式，即在每个交易日收市后进行基金净值计算、投资者证券资金结算，投资者在交易时是不知道基金的净值的，因此当投资者在收市后完成交易存在一定的价格风险。而封闭式基金则不同，其交易方式类似于股票，以交易价格结算，在任何时候进行的交易都是以当时的市场价格进行的，不存在开放式基金那样的交易价格风险。

（四）管理成本的低廉性

相对于开放式基金，封闭式基金不用留存现金应付赎回，所募集的资金可以全部进行投资，资金的利用率高，平均起来，封闭式基金的成本比开放式基金低。另外封闭式基金的宣传费用等成本也没有开放式基金高。从长期来看，较低的花费会对绩效产生较大的影响。

（五）投资策略的特定性、多样性

海外成熟基金市场的封闭式基金的投资策略十分个性化、多样性，能够满足不同投资者的各种需求。例如投资到特定的行业、地区、国家、固定收益债券等，投资者很容易找到适合自己的投资风格和理念的封闭式基金。

（六）投资门槛的低限制性

与开放式基金相比，封闭式基金的投资门槛要低得多。

（七）封闭式基金的折价性

相对于开放式基金，封闭式基金通常表现为一定的折价性。这会在两个方面给投资者带来收益：一方面，对于想拿到分红的人来说，折价性提高了资本的实际收

益率。例如净值 20 元的基金分红 1 元，收益率为 5%，投资者买进基金的价格仅 18 元，因此实际收益率为 5.6%（1/18）。另一方面，折价率的缩小给投资者带来了额外收益。折价率变小时，卖出基金得到的收益是基金净值的收益加上折价减小带来的收益。例如以折价 2 元的价格买入 20 元净值的基金，卖出时基金净值 21 元，折价 1 元，那么总的收益将是 2 元。

> **知识拓展**

海外封闭式基金的发展

在英国，自 20 世纪八九十年代，封闭式基金即改变了过去传统的、国际化、分散化的投资观念，对特定地区、特定行业大幅度增加了投资比例，每个基金服务于有特定投资倾向的群体。截至 1998 年底，伦敦证券交易所挂牌的封闭式基金超过 360 只，总市值 800 亿英镑。当时英国的开放式基金市值约 3100 亿英镑［AUTIF（1998）］，这样英国的封闭式基金市值大约是开放式基金的 26%，仍占有相当重要的地位。

在美国基金市场，第一只封闭式基金成立于 1893 年，比开放式基金早 30 年。尽管现在开放式基金已经极为发达，封闭式基金仍占有重要的一席之地。从 2000 年以来，封闭式基金数量从 482 只增长到最高 664 只，截至 2008 年 3 季度有 651 只，呈稳步上升趋势。资产规模在 2007 年末达到 3128 亿美元，是 1990 年 524 亿美元的 6 倍。而且，在美国上百年基金发展史中，一直是封闭式基金独占鳌头，直到 20 世纪 80 年代后才让位于开放式基金。至于新兴市场，如韩国、新加坡等国家和地区，仍维持以封闭式基金为主的格局。

二、投资封闭式基金的考虑因素

（一）折、溢价率

折价：当封闭式基金在二级市场上的交易价格低于实际净值时，这种情况称为"折价"。

折价率：封闭式基金的基金份额净值和单位市价之差与基金份额净值的比率。折价率的内涵是以基金份额净值为参考，单位市价相对于基金份额净值的一种折损。

溢价率：溢价率是指单位市价和基金份额净值之差与基金份额净值的比率。

折价率计算公式

折价率 =（基金份额净值 − 单位市价）/ 基金份额净值 ×100%

根据此公式，可见：

（1）折价率大于0（即净值大于市价）时为折价；

（2）折价率小于0（即净值小于市价）时为溢价。

溢价率计算公式

溢价率＝（单位市价－基金份额净值）/基金份额净值×100%

说明：（1）当单位市价大于基金份额净值时，溢价率大于0，称为溢价；

（2）当单位市价小于基金份额净值时，溢价率小于0，称为折价。

封闭式基金折价

需要说明的是，目前，我国传统的封闭式基金都已经到期了，表3-1以及表3-2中的封闭式基金已经不存在了，现在市场上的封闭式基金要么属于分级基金，要么是创新型封闭式基金。

封闭式基金折价时操作要领：

（1）由于我国的封闭式基金到期时一般是转化成开放式基金，因此当封闭式基金将到期时，果断买入。此时买入价低于净值，等基金完成"封转开"后再以基金净值赎回。通过以上操作，封闭式基金投资者可以获得折价率消失（市价买入，净值赎回）带来的收益。

分级基金和创新型封闭式基金

（2）如果买入封闭式基金后，封闭式基金行情上涨，封闭式基金投资者还可额外获得净值上涨带来的价差收益。

（3）如果买入封闭式基金后，股市下跌，由折价率构成的"安全垫"将给予封闭式基金投资者一定安全保障，其承担的股价下跌的亏损风险较低，因此其投资收益率依然要高于普通开放式基金。

表3-1　封闭式基金折价率排行（2013年4月26日）

基金代码	基金名称	现价/元	净值/元	升贴水值/元	升贴水率/%
500058	基金银丰	0.674	0.878	−0.204	−23.23
184728	基金鸿阳	0.557	0.6986	−0.142	−20.27

续表

基金代码	基金名称	现价 / 元	净值 / 元	升贴水值 / 元	升贴水率 / %
184722	基金久嘉	0.679	0.8511	−0.172	−20.22
500056	基金科瑞	0.791	0.9813	−0.19	−19.39
500038	基金通乾	0.859	1.0471	−0.188	−17.96
184721	基金丰和	0.806	0.9811	−0.175	−17.85
184701	基金景福	0.844	0.9614	−0.117	−12.21
184699	基金同盛	0.911	1.0332	−0.122	−11.83
500015	基金汉兴	0.848	0.9605	−0.113	−11.71
500011	基金金鑫	1.062	1.1986	−0.137	−11.4
184698	基金天元	0.788	0.8765	−0.089	−10.1
500018	基金兴和	0.854	0.9426	−0.089	−9.4
184693	基金普丰	0.765	0.8442	−0.079	−9.38
184691	基金景宏	0.800	0.8675	−0.068	−7.78
184692	基金裕隆	0.853	0.9221	−0.069	−7.49
500002	基金泰和	1.028	1.1102	−0.082	−7.4
184690	基金同益	0.847	0.9124	−0.065	−7.17
500009	基金安顺	0.985	1.0525	−0.068	−6.41
500003	基金安信	0.966	1.0186	−0.053	−5.16
184689	基金普惠	0.886	0.9336	−0.048	−5.1
500005	基金汉盛	1.078	1.1338	−0.056	−4.92
500006	基金裕阳	0.832	0.8556	−0.024	−2.76

（二）剩余期限

封闭式基金剩余期限指的是按照基金契约封闭式基金剩余的存续时间。例如，假设封闭式基金在最初设立时约定其存续时间为 15 年，那么经过 13 年后，则其剩余期限就只剩下 2 年了。封闭式基金剩余期限见表 3-2.

一般而言，随着到期日的临近，场内交易的封闭基金的交易价格将向净值靠拢，折价率将会大幅下降乃至消失，基于到期"封转开"的判断和当前的折价水平，投资者可以对较短剩余期限的封闭式基金进行套利，以获取折价消失的收益。

表 3-2　封闭式基金剩余期限（2013 年）

基金代码	基金名称	成立时间 / 年	存续时间 / 年	剩余期限 / 年
184689	基金普惠	1999	15	1
184690	基金同益	1999	15	1
184691	基金景宏	1999	15	1
184692	基金裕隆	1999	15	1

续表

基金代码	基金名称	成立时间/年	存续时间/年	剩余期限/年
184693	基金普丰	1999	15	1
184698	基金天元	1999	15	1
184699	基金同盛	1999	15	1
184701	基金景福	1999	15	1
184721	基金丰和	2002	15	4
184722	基金久嘉	2002	15	4
184728	基金鸿阳	2001	15	3
500002	基金泰和	1999	15	1
500003	基金安信	1998	15	0
500005	基金汉盛	1999	15	1
500006	基金裕阳	1998	15	0
500009	基金安顺	1999	15	1
500011	基金金鑫	1999	15	1
500015	基金汉兴	1999	15	1
500018	基金兴和	1999	15	1
500038	基金通乾	2001	15	3
500056	基金科瑞	2002	15	4
500058	基金银丰	2002	15	4

（三）到期年化收益率

封闭式基金折价率的存在一方面反映了不能及时兑现当期净值牺牲流动性后的机会成本；另一方面由于封闭式基金到期时，无论是清算或是"封转开"，交易价格必然向净值收敛。可以预计，投资者若以折价后的市价买入封闭式基金并持有到期，在净值缩水幅度小于折价率的前提下，投入资本将获取大于零的到期收益率。

1. 到期收益率计算公式

我们可以构建一个最简单的模型计算出现价买入基金的到期收益率：假设基金当前折价率为 D，为了方便计算，可以认为净现值为 1 元，则买入封闭式基金现价即（$1-D$）元，同样可以假设未来到期日净值仍为 1 元，则基金的到期收益率 R 为：

$$R = \frac{1}{(1-D)} - 1$$

2. 年化到期收益率计算公式

基金的年化到期收益率就是将其 R 值按到期年限进行年化处理，假设 T 为封闭式基金以年为单位的剩余存续期，则封闭式基金简单的年化到期收益率 R' 为：

$$R' = \left(\frac{1}{1-D} - 1\right) / T$$

封闭式基金精确的年化到期收益率 R' 为：

$$R' = \sqrt[T]{\frac{1}{1-D}} - 1$$

一般而言，投资者应该选择年化到期收益率高的封闭式基金来进行投资。

（四）基金规模

一般来说，小型基金由于费用相对较高，在实际操作中风险承受能力较小，对投资者而言有较高的风险。而较大型的基金由于规模比较大，当市场发生变化时，反应较为迟钝，容易错过一些获利机会。因此，对那些追求高回报、勇于承担风险的投资者而言，可以考虑大型基金管理公司管理的小型基金。

（五）基金经理人从业情况

目前国际上证券投资基金的经理，分为两种模式：小组制和单经理制。对于小组制，由于重大决策都是由一组管理者作出的，因此这些决策受个人影响相对较小，风险也较小。而对于单经理制，投资者在投资之前应该对经理人有一个明确的了解，包括基金经理的个人投资经历、投资风格、管理基金时间、曾经取得过的成绩等。应注意，前任基金经理的辉煌业绩与现任基金经理无关，而且现任基金经理过去的辉煌业绩也并不代表未来，基金经理的从业情况只能是投资者在投资时需要考虑的诸多因素之一。

因此，投资者应在综合考虑当前市场上的封闭式基金的折价水平、剩余期限、到期年化收益、管理人股票/债券投资管理能力、基金规模、日成交量等方面因素后，主要选择剩余期限较短、折价水平较高、管理人投资管理能力较强的封闭式基金进行投资。

三、封闭式基金开户交易

（一）账号开立

投资者买卖封闭式基金必须开立深、沪证券账户或深、沪基金账户及资金账户。基金账户只能用于基金、国债及其他债券的认购及交易。

个人投资者开立基金账户，需持本人身份证到证券注册登记机构办理开户手续。办理资金账户需持本人身份证和已经办理的证券账户卡或基金账户卡，到证券经营机构办理。每个有效证件只允许开设 1 个基金账户，已开设证券账户的不能再重复开设基金账户。每位投资者只能开设和使用 1 个证券账户或基金账户。

（二）封闭式基金的认购

封闭式基金发售方式主要有网上发售和网下发售两种。网上发售指通过与证券交易所的交易系统联网的全国各地的证券营业部，向公众发售基金份额的发售方式。网下发售是指通过基金管理人指定的营业网点和承销商的指定账户，向机构或者个人投资者发售基金份额的发售方式。

封闭式基金的认购价格一般采用 1 元基金份额面值加计 0.01 元发售费用的方式加以确定。拟认购封闭式基金份额的投资人必须开立深、沪证券账户或深、沪基金账户及资金账户，根据自己计划的认购量，在资金账户中存入足够的资金，并以"份额"为单位提交认购申请。认购申请一经受理就不能撤单。

（三）交易规则

封闭式基金的交易时间是每周一至周五（法定节假日除外）9：30～11：30、13：00～15：00。封闭式基金的交易遵从"价格优先、时间优先"的原则。价格优先指较高价格买进申报优先于较低价格买进申报，较低价格的卖出申报优先于较高价格的卖出申报。时间优先指买卖方向相同、申报价格相同的，先申报者优先于后申报者，先后顺序按照交易主机接受申报的时间确定。

封闭式基金的报价单位为每份基金价格。基金的申报价格最小变动单位为 0.001 元人民币，买入与卖出封闭式基金份额申报数量应当为 100 份或其整数倍，单笔最大数量应低于 100 万份。

沪、深证券交易所对封闭式基金交易实行与 A 股交易同样的 10% 的涨跌幅限制；同时，与 A 股一样实行 T+1 日交割、交收，即达成交易后，相应的基金交割与资金交收在交易日的下一个营业日（T+1 日）完成。

（四）交易费用

按照沪、深证券交易所公布的收费标准，我国基金交易佣金不得高于成交金额的 0.3%（深圳证券交易所特别规定该佣金水平不得低于代收的证券交易监管费和证券交易经手费，上海证券交易所无此规定），起点 5 元，由证券公司向投资者收取。目前，封闭式基金交易不收取印花税。

➤ **实训要求**

    1. 查找目前市场上所有的封闭式基金，并计算它们的折、溢价率。

    2. 选择一只封闭式基金，从折、溢价率，剩余期限，基金规模，基金经理等角度分析其投资价值。

    3. 通过模拟软件进行封闭式基金模拟交易。

扫码练一练

实训四

开放式基金投资分析

➤ **知识目标**

熟悉开放式基金的优势、影响开放式基金投资策略的因素及开户交易。

➤ **能力目标**

给定一只开放式基金，能够对其进行如下分析。

1. 计算过去一段时间的收益率；

2. 从基金费用、投资周转率、现金流量等角度分析其投资价值；

3. 给定一定金额的申购资金，计算申购份额。

➤ **知识链接**

一、开放式基金的优势

纵观基金的发展历程可以看出，开放式基金是基金未来发展的方向，因此与封闭式基金相比，其自身优势比较明显。

（一）市场选择性强

如果基金业绩优良，投资者购买基金的资金流入会导致基金资产增加。而如果基金经营不善，投资者通过赎回基金的方式撤出资金，导致基金资产减少。规模较大的基金的整体运营成本并不比小规模基金的成本高，使得大规模的基金业绩更好，愿买它的人更多，规模也就更大。这种优胜劣汰的机制对基金管理人形成了直接的激励约束，充分体现良好的市场选择。

（二）投机可能性小

封闭式基金的交易价格受到市场供求关系的影响，往往会出现与基金份额净值背离的现象。如果封闭式基金的交易价格低于相应的基金份额净值，就会使投资者从基金资产的增值中得到的回报也打了一个折扣，同时增加了投资者投机封闭式基金的可能性。而开放式基金是以基金份额净值为基准进行交易的，这样就不会出现在封闭式基金交易中交易价格与基金份额净值不同的现象，投资开放式基金基本不存在投机的问题。开放式基金以基金份额净值为基准进行交易有效地保证了投资者能够充分享有基金资产增值所带来的回报。

（三）资产流动性好

基金管理人必须保持基金资产充分的流动性，以应付可能出现的赎回，而不会集中持有大量难以变现的资产，减少了基金的流动性风险。

（四）信息透明度高

除履行必备的信息披露义务外，开放式基金一般每日公布资产净值，随时准确地体现出基金管理人在市场上运作、驾驭资金的能力，对于能力、资金、经验均不足的小投资者有特别的吸引力。

（五）投资便利性强

开放式基金在投资的便利性与服务方面也具有其特有的优势。投资者可随时通过基金管理人的直销机构、网上交易系统或者代销机构（如银行）的网点申购、赎回基金，十分便利；与此同时，良好的激励约束机制又促使基金管理人在努力为投资者创造满意的投资回报以外，为投资者提供更为全面周到的理财服务。

> **知识拓展**

我国开放式基金的发展

我国开放式基金真正起步于 2000 年 10 月《开放式证券投资基金试点办法》的颁布，随后首只开放式基金——华安创新推出，开放式基金开始迅速发展起来，经过十多年的发展，我国开放式基金在数量、规模、质量上都有了巨大的飞跃。据相关数据统计，截止到 2011 年底，我国开放式基金数量达到 964 只，基金份额总计 25147.80 亿份，资产净值总额达 20693.45 亿元，开放式基金份额占所有基金份额的 94.86%，资产净值总额占全部基金净值的 94.41%。作为基金行业的主力，开放式基金正逐步发展为我国证券市场的一股重要力量。

资料来源：马瑾，《我国开放式基金发展现状及反思》

二、投资开放式基金考虑因素

对于开放式基金，在进行投资时也需要考虑基金规模、基金经理从业情况等，但除此以外，还需要考虑基金费用、基金投资周转率、现金流量、基金资产结构、基金行业投资结构、基金收益率等因素。

（一）基金费用

投资者在投资基金之前，应考虑一下基金投资过程中的费用。不同的基金投资费用有所区别。投资基金的过程中会产生很多的费用，投资者需要重点关注认购费、申购费和赎回费。一般来说，股票型基金费用最高，其次是债券型基金，货币市场基金基本上只有销售服务费，没有申购费和赎回费。在行情好的时候，基金年均 20% 的收益率会使 3% 的费用显得无足轻重，但在行情低迷时，基金的低收益率甚至负收益率会使基金费用成为投资者沉重的负担。

（二）基金投资周转率

这是基金买卖其持有的有价证券的频率，是一项显示基金投资战略的重要指标。周转率低，表明基金管理公司有一种长期投资倾向。周转率高，表明基金投资倾向于短期投资，基金经理在努力寻找获利机会。显然，在证券市场行情低迷时，周转率低的基金可以减少成本支出，但在证券市场行情上涨时，容易错过获利机会。因此，投资者在参考基金投资周转率选择基金时，应考虑所处的市场行情阶段。

（三）现金流量

对于开放式基金而言，现金流量一般指投资与基金的现金净增长，也就是申购基金现金超过赎回基金现金的部分，即净申购资金。通过分析美国 20 世纪 60 年代基金净申购资金与收益的关系发现：当一只基金有大量的现金注入时，基金的运作呈现良好的发展势头，基金的业绩也呈上升趋势；如果大量资金注入停止，基金业绩的上升趋势也随之停止，甚至有下降趋势。

➤ **知识拓展**

现金流量

现金流量与基金规模

基金的现金流量指开放式基金投资者申购和赎回份额的行为导致现金的流入与流出，净现金流为流入资金与流出资金的差额，计算时考虑投资者在同一基金公司旗下进行基金转换等操作，但不包括投资者选择分红再投资对应份额的资产净值。当某只基金赎回金额大于申购金额时，该基金遭遇净现金流出。

基金规模通常指基金的净资产，也是基金经理实际可以操作用于投资的资金。开放式基金资产规模的增加有两个途径：首先，资本增值，即组合中持有的股票或债券期间有良好的价格涨幅，标的资产价格不断提升有助于基金规模的增加。其次是投资者现金的净流入，同时可以解释，尽管基金在报告期内取得负收益，但基金的净资产仍出现膨胀的局面。

分红再投资不会影响基金的现金流，选择分红再投资的投资者通常将红利按照分红再投资日的单位净值转化为基金份额继续持有，不影响基金的资产规模。

现金流与市场波动

投资者申购与赎回基金，资产规模时刻变化是开放式基金的特点之一，有利于投资者提高资产的流动性。不同的市场环境中，基金的现金流往往呈现不同的特征。如过往两年一路上扬的背景下，一方面，投资者的持有期限相对拉长；另一方面，新资金不断涌入，推动了股票型基金和配置型基金规模逐步膨胀。但如果市场持续回调，部分投资者往往会选择赎回股票型基金，转而投向债券型基金或货币市场基金等抗跌的投资品种。从近期新基金设立规模可窥见一斑，债券型基金的平均募集规模高于股票型基金。从投资者的申购、赎回行为看，极端情况下，大规模的申购使基金经理暂时无法找到合适的品种进行投资，抑或是推高市场整体的估值水平，加大市场潜在的风险。投资者集中赎回导致基金短期内面临流动性风险，被迫卖股票而加剧了市场的下跌风险。

资料来源：基金网

（四）基金资产结构

基金配置股票、债券和现金的比例对风险防范有积极的作用，特别是在中国股票市场波动较大、系统风险高的情况下，投资债券相对稳定，投资股票风险较大。

经验表明，我国的股票市场和债券市场收益一般呈负相关关系。当股票市场火爆时，债券市场低迷；当债券市场火爆时，股票市场低迷。

（五）基金行业投资结构

在我国目前的情况下，不同行业具有不同的收益。基金经理将资金在稳定性行业与成长型行业、夕阳产业与朝阳产业之间进行配置，对于预防风险、提高收益具有一定的作用。

（六）基金收益率

诚然，选择基金时可以参考基金以上各种指标，但投资者投资基金仍然是为了保值增值，希望通过投资基金获得一定的收益，因此，投资时还需要关注基金的投资收益率。

1. 简单收益率计算

简单收益率的计算不考虑分红再投资的时间价值的影响，其计算公式为：

$$R = \frac{NAV_t + D - NAV_{t-1}}{NAV_{t-1}}$$

式中：R——简单收益率；

NAV_t、NAV_{t-1}——期末、期初基金的份额净值；

D——在考察期内，每份基金的分红金额。

► 案例

基金简单收益率计算

假设某基金在 1999 年 12 月 3 日的份额净值为 1.4848 元／单位，2000 年 9 月 1 日的份额净值为 1.7886 元／单位，其间基金曾经在 2000 年 2 月 29 日每 10 份派息 2.75 元，那么这一段时间内该基金的简单收益率为：

$$R = \frac{1.7886 + 0.275 - 1.4848}{1.4848} \times 100\% = 39\%$$

2. 时间加权收益率计算

简单收益率由于没有考虑分红的时间价值，因此只能是一种基金收益率的近似计算。时间加权收益率由于考虑到了分红再投资，更能准确地对基金的真实投资表现作出衡量。

时间加权收益率的假设前提是红利以除息前一日的单位净值减去每份基金分红后的份额净值立即进行了再投资。分别计算分红前后的分段收益率，时间加权收益率可由分段收益率的连乘得到：

$$R = (1+R_1)(1+R_2)...(1+R_n)-1$$

或

$$R = \frac{NAV_1}{NAV_0} \cdot \frac{NAV_2}{NAV_1 - D_1} \cdots \frac{NAV_{n-1}}{NAV_{n-2} - D_{n-2}} \cdot \frac{NAV_n}{NAV_{n-1} - D_{n-1}} - 1$$

式中：R_1——第一次分红前的收益率；

R_2——第一次分红至第二次分红期间的收益率，依此类推；

NAV_0——期初基金的份额净值；

NAV_1，$\cdots$，NAV_{n-1}——分别表示除息前一日基金份额净值；

NAV_n——期末基金的份额净值；

D_1，$\cdots$，D_{N-1}——在考察期内，每份基金的分红金额。

➤ **案例**

基金时间加权收益率计算

假设某基金在 1999 年 12 月 3 日的份额净值为 1.4848 元 / 单位，2000 年 9 月 1 日的份额净值为 1.7886 元 / 单位，其间基金曾经在 2000 年 2 月 29 日除息，每 10 份派息 2.75 元，在除息的前一日（2 月 28 日）的基金份额净值为 1.8976 元 / 单位，则：

$$R_1 = \left(\frac{1.8976}{1.4848} - 1\right) \times 100\% = 27.8\%$$

$$R_2 = \left(\frac{1.7886}{1.8976 - 0.275} - 1\right) \times 100\% = 10.23\%$$

因此，该基金在该期间内的时间加权收益率为：

$$R = \left[(1+0.278)(1+0.1023)-1\right] \times 100\% = 40.87\%$$

（七）开放式基金的特殊情形

1. 巨额赎回

单个开放日基金净赎回申请超过基金总份额的10%时，为巨额赎回。单个开放日的净赎回申请，是指该基金的赎回申请加上基金转换中的该基金的转出申请之和，扣除当日发生的该基金申购申请及基金转换中该基金的转入申请之和后得到的余额。出现巨额赎回申请时，基金管理人可以根据基金当时的资产组合状况，决定接受全额赎回或者部分延迟赎回。一是接受全额赎回。当基金管理人认为有能力兑付投资者的全额赎回申请时，按正常赎回程序执行。二是部分延迟赎回。当基金管理人认为兑付投资者的赎回申请有困难，或认为兑付投资者的赎回申请进行的资产变现可能使基金份额净值发生较大波动时，基金管理人可以在当日接受赎回比例不低于上一日基金总份额10%的前提下，对其余赎回申请延迟办理。对单个基金份额持有人的赎回申请，应当按照其申请赎回份额占申请赎回总份额的比例确定该单个基金份额持有人当日办理的赎回份额。未受理部分，除投资者在提交赎回申请时选择将当日未获受理部分予以撤销外，延迟至下一开放日办理。转入下一开放日的赎回申请不享有赎回优先权，并将以下一个开放日的基金份额净值为基准计算赎回金额。以此类推，直到全部赎回为止。

因此，作为投资者，需要考虑基金发生巨额赎回不能按时办理赎回申请或者不能按时拿回赎回款的这种特殊情况。

2. 基金自行封闭

在开放式基金运作一段时间后，若开放式基金资产达到一定规模，按照基金合同，基金管理公司可以决定将基金封闭。在封闭期内，该基金只接受赎回申请，不接受申购申请。即开放式基金并不是绝对开放的，存在着自行封闭的情况。开放式基金自行封闭的原因是基金管理公司需要对基金规模进行限制。每个基金经理都有其熟悉的投资领域和适合的投资资金规模，当基金规模增长过快时，基金经理不得不把超额的资金投资于其不熟悉的领域，这会对基金的业绩造成不利影响。同时，基金规模过大，会导致在实际操作中难以实现良好的盈利。比如，若基金经理看好某只股票并决定进行投资，但由于自身资金规模较大，以某个合适的价格进行成交难以实现。为了规避基金规模过大导致的不利影响，基金管理公司一般采取自行封闭的方式，基金只可以赎回，不可以申购。同时，为了满足投资者需求，基金管理公司可以开设同类的新基金（如我国的复制基金）。这样既保证了原基金的运作，又避免失去客户。当然，开放式基金封闭后，并不是一直封闭下去，随着市场环境的变化，自行封闭的开放式基金会选择合适的时间重新开放。

三、开放式基金开户交易

（一）账号开立

开放式基金的投资者主要是个人投资者和机构投资者，其开户手续会因投资者身份以及认购地点的不同而不同。

开放式基金巨额赎回及自行封闭

1. 证券账户

个人投资者申请开立基金账户，一般需提供以下资料：

①本人法定身份证件（身份证、军官证、士兵证、武警证、护照等）；

②委托他人代为开户的，代办人需携带授权委托书、代办人有效身份证件；

③在基金代销银行或证券公司开设的资金账户；

④开户申请表。

机构投资者申请开立开放式基金账户需指定经办人办理，并需提供法人营业执照副本或民政部门、其他主管部门颁发的注册登记证书原件、授权委托书等资料。

2. 资金账户

资金账户是投资者在基金代销银行、证券公司开立的用于基金业务的结算账户。投资者认购、申购、赎回基金份额以及分红、无效认（申）购的资金退款等资金结算均通过该账户进行。

（二）开放式基金的认购

1. 开放式基金的认购步骤

投资人认购开放式基金，一般通过基金管理人或管理人委托的商业银行、证券公司等经国务院证券监督管理机构认定的其他机构办理。

基金的注册登记与过户清算

认购开放式基金通常分开户、认购和确认三个步骤。

①开户。拟进行基金投资的投资人，必须先开立基金账户和资金账户。基金账户是基金注册登记机构为基金投资人开立的、用于记录其持有的基金份额及其变动情况的账户；资金账户是投资人在基金代销银行、证券公司开立的用于基金业务的资金结算账户。

②认购。投资人在办理基金认购申请时，须填写认购申请表，并需按销售机构规定的方式全额缴款。投资者在募集期内可以多次认购基金份额。一般情况下，已经正式受理的认购申请不得撤销。

③确认。销售机构对认购申请的受理并不代表该申请一定成功，而仅代表销售机构接受了认购申请，申请的成功与否应以注册登记机构的确认结果为准。投资者T日提交认购申请后，可于T+2日起到办理认购的网点查询认购申请的受理情况。认购申请无效的，认购资金将退回投资人资金账户。认购的最终结果要待基金募集期结束后才能确认。

2. 开放式基金的认购方式

基金的认购采取金额认购的方式，即投资者在办理认购时，认购申请上不是直接填写需要认购多少份基金份额，而是填写需要认购多少金额的基金份额。基金注册登记机构在基金认购结束后，再按基金份额的认购价格，将申请认购基金的金额换算成投资人应得的基金份额。

3. 开放式基金的认购费率和收费模式

《证券投资基金销售管理办法》规定，开放式基金的认购费率不得超过认购金额的5%。在具体实践中，基金管理人会针对不同的基金类型、不同的认购金额设置不同的认购费率。我国股票基金的认购费率大多在1%～1.5%，债券基金的认购费率通常在1%以下，货币市场基金一般不收取认购费。

基金份额的认购通常采用前端收费和后端收费两种模式。前端收费是指在认购基金份额时就支付认购费用的付费模式；后端收费是指在认购基金份额时不收费，在赎回基金份额时才支付认购费用的收费模式。后端收费模式设计的目的是鼓励投资者能长期持有基金，所以后端收费的认购费率一般设计为随着基金份额持有时间的延长而递减，持有至一定时间后费率可降为零。

4. 开放式基金认购份额的计算

为统一规范基金认购费用及认购份额的计算方法，更好地保护基金投资者的合法权益，中国证监会于2007年3月对认购费用及认购份额计算方法进行了统一规定。根据规定，基金认购费率将统一以净认购金额为基础收取，计算公式为：

净认购金额 = 认购金额 / （1+ 认购费率）

认购费用 = 净认购金额 × 认购费率

认购份额 = （净认购金额 + 认购利息）/ 基金份额面值

其中，"认购金额"指投资人在认购申请中填写的认购金额总额，"认购费率"

指与投资人认购金额对应的认购费率，"认购利息"指认购款项在基金合同生效前产生的利息。

➤ **案例**

开放式基金认购份额的计算

假设某投资人投资10000元认购某基金，认购资金在募集期产生的利息为3元，其对应的认购费率为1.2%，基金份额面值为1元，则其认购费用及认购份额为：

净认购金额=10000÷（1+1.2%）=9881.42（元）

认购费用=9881.42×1.2%=118.58（元）

认购份额=（9881.42+3）÷1=9884.42（份）

投资人投资10000元认购该基金，认购费用为118.58元，可得到基金份额9884.42份。

（三）开放式基金的申购与赎回

1. 申购、赎回的概念

投资者在开放式基金合同生效后，申请购买基金份额的行为通常被称为基金的申购。

开放式基金的赎回是指基金份额持有人要求基金管理人购回其所持有的开放式基金份额的行为。

开放式基金的申购和赎回与认购一样，可以通过基金管理人的直销中心与基金销售代理人的代销网点办理。

2. 申购和认购的区别

认购指在基金设立募集期内，投资者申请购买基金份额的行为。申购指在基金合同生效后，投资者申请购买基金份额的行为。

一般情况下，认购期购买基金的费率要比申购期优惠。认购期购买的基金份额一般要经过封闭期才能赎回，申购的基金份额要在申购成功后的第二个工作日才能赎回。

在认购期内产生的利息以注册登记中心的记录为准，在基金合同生效时，自动转换为投资者的基金份额，即利息收入增加了投资者的认购份额。

3. 申购、赎回的原则

目前，开放式基金所遵循的申购、赎回主要原则为：

（1）"未知价"交易原则。投资者在申购、赎回基金份额时并不能即时获知买卖的成交价格。申购、赎回价格只能以申购、赎回日交易时间结束后基金管理人公布的基金份额净值为基准进行计算，这一点与股票、封闭式基金等金融产品的"已知价"原则进行买卖不同。

（2）"金额申购、份额赎回"原则，即申购以金额申请，赎回以份额申请。

基金管理人可根据基金运作的实际情况依法对上述原则进行调整。在新规则开始实施前，基金管理人必须依照《证券投资基金信息披露管理办法》的有关规定在指定媒体上公告。

基金管理人不得在基金合同约定之外的日期或者时间办理基金份额的申购、赎回或者转换。投资人在基金合同约定之外的日期或者时间提出申购、赎回或者转换申请的，其基金份额申购、赎回价格为下次办理基金份额申购、赎回时间所在开放日的价格。

4．申购、赎回的费用

（1）申购费用。投资者在办理开放式基金申购时，一般需要缴纳申购费，但申购费率不得超过申购金额的 5%。

和认购费一样，申购费可以采用在基金份额申购时收取的前端收费方式，也可以采用在赎回时从赎回金额中扣除的后端收费方式。基金产品同时设置前端收费模式和后端收费模式的，其前端收费的最高档申购费率应低于对应的后端收费的最高档申购费率。

基金管理人可以对选择前端收费方式的投资人根据其申购金额适用不同的前端申购费率标准。

基金管理人可以对选择后端收费方式的投资人根据其持有期限适用不同的后端申购费率标准。对于持有期低于 3 年的投资人，基金管理人不得免收其后端申购费用。

（2）赎回费用。投资者在办理开放式基金赎回时，一般需要缴纳赎回费，货币市场基金及中国证监会规定的其他品种除外。赎回费率不得超过基金份额赎回金额的 5%，赎回费总额的 25% 归入基金财产。

5．申购份额、赎回金额的计算

（1）申购费用与申购份额的计算。按中国证监会 2007 年 3 月《关于统一规范证券投资基金认（申）购费用及认（申）购份额计算方法有关问题的通知》规定，基金申购费用与申购份额的计算公式如下：

净申购金额 = 申购金额 /（1+ 申购费率）

申购费用 = 净申购金额 × 申购费率

申购份额 = 净申购金额 / 申购当日基金份额净值

➤ 案例

开放式基金申购份额的计算

假设某基金假定 T 日的基金份额净值为 1.250 元。申购金额为 100 万元，申购费率为 0.9%，则采取前段收费模式时基金份额计算如下：

净申购金额 =1000000÷（1+0.9%）=991080.28（元）

申购费用 =991080.28×0.9% =8919.72（元）

申购份额 =991080.28÷1.250=792864.22（份）

（2）赎回金额的计算。赎回金额的计算公式为：

赎回总金额 = 赎回份额 × 赎回日基金份额净值

赎回费用 = 赎回总金额 × 赎回费率

赎回金额 = 赎回总金额 - 赎回费用

➤ 案例

开放式基金赎回金额的计算

假定某投资者在 T 日赎回 10000 份基金份额，持有期限半年，对应赎回费率为 0.5%，该日基金份额净值为 1.250 元，则其获得的赎回金额为：

赎回总金额 =10000.00×1.250=12500.00（元）

赎回费用 =12500.00×0.5% =62.50（元）

赎回金额 =12500.00-62.50=12437.50（元）

即该投资人的赎回金额为 12437.50 元。

➤ **实训要求**

1. 选取两只开放式基金，若投资者申购金额为 1000 万元，计算某日的申购份额。若投资者手持 10 万份基金份额，计算某日的赎回金额。

2. 选择两只开放式基金进行投资策略分析。

扫码练一练

实训五

特殊基金——ETF 基金、LOF 基金和 QDII 基金

➤ 知识目标

熟悉 ETF、LOF 和 QDII 基金的特点，了解 ETF 和 LOF 的套利原理。

➤ 能力目标

一、熟悉 ETF、LOF 基金的具体品种和套利投资过程。

1. 列出 ETF 基金的具体品种。

2. 列出 LOF 基金的具体品种。

3. 以某个 LOF 基金为例说明其可套利的条件。

二、熟悉具体 QDII 基金的品种和分析方法。

1. 列出目前所有的 QDII 基金。

2. 对这些 QDII 基金按地区、投资对象等进行分类。

3. 选择一个 QDII 基金进行分析。

➤ 知识链接

一、ETF 基金

（一）认识 ETF 基金

1. ETF 的概念和特点

ETF 基金又称交易型开放式指数基金，属于开放式基金的一种特殊类型，它综合了封闭式基金和开放式基金的优点，投资者既可以在二级市场买卖 ETF 份额，又可以向基金管理公司申购或赎回 ETF 份额，不过申购赎回必须以一篮子股票（或有

少量现金）换取基金份额或者以基金份额换回一篮子股票（或有少量现金）。由于同时存在二级市场交易和申购赎回机制，投资者可以在ETF二级市场交易价格与基金单位净值之间存在差价时进行套利交易。套利机制的存在，可使ETF避免封闭式基金普遍存在的折价问题。

2. ETF基金投资优点

（1）分散投资并降低投资风险。被动式投资组合通常较一般的主动式投资组合包含较多的标的数量，标的数量的增加可减少单一标的波动对整体投资组合的影响，同时借由不同标的对市场风险的不同影响，得以降低投资组合的波动。

（2）兼具股票和指数基金的特色。对普通投资者而言，ETF也可以像普通股票一样，在被拆分成更小交易单位后，在交易所二级市场进行买卖。其次，赚了指数就赚钱，投资者再也不用研究股票，担心踩上地雷股了。（2010年以前，我国证券市场不存在做空机制，因此存在着"指数跌了就要赔钱"的情况。2010年4月，股指期货开通，2011年12月5日起，有7只ETF基金纳入融资融券标的的范畴。）

（3）结合了封闭式与开放式基金的优点。ETF与我们所熟悉的封闭式基金一样，可以小的"基金单位"形式在交易所买卖。与开放式基金类似，ETF允许投资者连续申购和赎回，但是ETF在赎回的时候，投资者拿到的不是现金，而是一篮子股票，同时要求达到一定规模后，才允许申购和赎回。

ETF与封闭式基金相比，相同点是都在交易所挂牌交易，就像股票一样挂牌上市，一天中可随时交易。不同点是：① ETF透明度更高。由于投资者可以连续申购/赎回，要求基金管理人公布净值和投资组合的频率相应加快。② 由于有连续申购/赎回机制存在，ETF的净值与市价从理论上讲不会存在太大的折价/溢价。

ETF基金与开放式基金相比，优点有两个。一是ETF在交易所上市，一天中可以随时交易，具有交易的便利性。一般开放式基金每天只能开放一次，投资者每天只有一次交易机会（即申购、赎回）。二是ETF赎回时是交付一篮子股票，无须保留现金，方便管理人操作，可以提高基金投资的管理效率。开放式基金往往需要保留一定的现金应付赎回，当开放式基金的投资者赎回基金份额时，常常迫使基金管理人不停调整投资组合，由此产生的税收和一些投资机会的损失都由那些没有要求赎回的长期投资者承担。这个机制，可以保证当有ETF部分投资者要求赎回的时候，对ETF的长期投资者并无多大影响（因为赎回的是股票）。

（4）交易成本低廉。指数化投资往往具有低管理费及低交易成本的特性。相对于其他基金而言，指数投资不以跑赢指数为目的，经理人只会根据指数成分变化来调整投资组合，不需支付投资研究分析费用，因此可收取较低的管理费用。另一方面，指数投资倾向于长期持有购买的证券，而区别于主动式管理因积极买卖形成高周转率而必须支付较高的交易成本，指数投资不主动调整投资组合，周转率低，交易成本自然降低。

（5）投资者可以当天套利。例如，上证50在一个交易日内出现大幅波动，当日盘中涨幅一度超过5%，收市却平收甚至下跌。对于普通的开放式指数基金的投资者而言，当日盘中涨幅再大都没有意义，赎回价只能根据收盘价来计算，ETF的特点则可以帮助投资者抓住盘中上涨的机会。由于交易所每15秒钟显示一次IOPV（净值估值），这个IOPV即时反映了指数涨跌带来基金净值的变化，ETF二级市场价格随IOPV的变化而变化，因此，投资者可以于盘中指数上涨时在二级市场及时抛出ETF，获取指数当日盘中上涨带来的收益。

（6）高透明性。ETF采用被动式管理，完全复制指数的成分股作为基金投资组合及投资报酬率，基金持股相当透明，投资人较易明了投资组合特性并完全掌握投资组合状况，做出适当的预期。加上盘中每15秒钟更新指数值及估计基金净值供投资人参考，让投资人能随时掌握其价格变动，并随时以贴近基金净值的价格买卖。无论是封闭式基金还是开放式基金，都无法提供ETF交易的便利性与透明性。

（二）ETF 基金的套利

ETF的套利原理。ETF同时存在一级市场申购、赎回机制和二级市场交易机制。投资者既可以在一级市场向基金管理公司申购或赎回基金份额，又可以在二级市场上按市场价格买卖ETF份额。ETF交易规则规定，当天申购的ETF份额当天不能赎回，但可以在二级市场上出售，当

ETF基金套利

天在二级市场上买入的ETF份额不能卖出，但可以在一级市场上赎回。一级市场的申购、赎回价格由ETF基金净值决定，二级市场的交易价格由市场供需情况决定。一般情况下，一、二级市场的价格是接近的，但在一些市场异常波动、市场情绪变化剧烈的情况下，ETF二级市场供需情况受到较大影响，一、二级市场价格产生较大偏离，这时候投资者可以在ETF市场价格与基金单位净值之间存在差价较大时进行套利交易。

ETF套利操作分为两种：申购套利策略和赎回套利策略。

申购套利策略：当ETF市场价格高于基金净值（溢价）时，可采用申购策略，在股票市场上买入股票，在ETF一级市场上实物申购ETF，并同时在ETF二级市场卖出ETF。

赎回套利策略：当市场价格低于基金净值（折价）时，可采用赎回策略，在二级市场上买入 ETF，并同时在一级市场赎回一篮子股票，在股票市场上卖出。

（三）ETF 基金的类型

根据 ETF 跟踪某一标的市场指数的不同，可以将 ETF 分为股票型 ETF、债券型 ETF、商品型 ETF 等。根据 ETF 跟踪的具体指数的不同又可以进一步细分。比如股票型 ETF 又可以分为综合指数 ETF、行业指数 ETF、风格指数 ETF（成长型、价值型等）、策略指数 ETF 等。

根据复制的方法不同，可以将 ETF 分为完全复制型 ETF 和抽样复制型 ETF。完全复制型 ETF 是依据构成指数的全部成分股在指数中所占的权重进行 ETF 的构建。我国首只 ETF 基金（上证 50ETF）采用的就是完全复制型。抽样复制型 ETF 是通过选取指数中部分有代表性的成分股，参照指数成分股在指数中的比重设计样本股的组合比例进行 ETF 的构建，目的是以最低的交易成本构建样本组合，使 ETF 能较好地跟踪指数。

（四）ETF 联接基金

ETF 联接基金是指将其绝大部分基金财产投资于跟踪同一标的指数的 ETF（简称目标 ETF)，密切跟踪标的指数表现，可以在场外（银行等渠道）申购、赎回的基金。目前，国内的 ETF 联接基金投资于目标 ETF 的资产不得低于联接基金资产净值的 90%。并且，ETF 联接基金的管理人不得对 ETF 联接基金财产中的 ETF 部分计提管理费。

ETF 联接基金的主要特征有以下几个方面：

（1）联接基金依附于主基金。联接基金和 ETF 是同一法律实体的两个不同部分，联接基金处于从属地位。

（2）ETF 联接基金提供了银行、证券公司、互联网第三方平台等场外申购渠道，可以吸引大量的银行客户和互联网公司平台客户直接通过联接基金介入 ETF 的投资，扩大了 ETF 的投资群体。同时 ETF 联接基金的投资门槛低，大大降低了投资 ETF 的门槛。

（3）联接基金可以提供目前 ETF 基金不具备的定期定额投资等方式来介入 ETF 基金的运作。

（4）联接基金不能参与 ETF 基金的套利，发展 ETF 联接基金主要是降低投资门槛，做大指数基金的规模，推动指数化投资。

（5）联接基金是一种特殊的基金中基金（FOF），ETF 联接基金持有目标 ETF 的市值不低于该 ETF 联接基金资产净值的 90%。

（五）部分股票 ETF 基金介绍

1. 上证 50ETF

（1）目标指数：上证 50 指数

上证 50 指数是根据科学客观的方法，挑选上海证券市场规模大、流动性好的最具代表性的 50 只股票组成样本股，以综合反映上海证券市场最具市场影响力的一批优质大盘企业的整体状况。上证 50 指数，指数简称为上证 50，指数代码 000016，基日为 2003 年 12 月 31 日。

（2）基金产品

华夏上证 50ETF(基金代码：510050)。本基金是华夏基金管理公司发行的 ETF 产品，主要采取完全复制法，即完全按照标的指数的成分股组成及其权重构建基金股票投资组合，并根据标的指数成分股及其权重的变动而进行相应调整。图 5-1 是该基金的投资组合（截至 2019 年 3 月 31 日）。

十大重仓股

股票名称	股票代码	持有量(万股)	市值(万元)	占净值	投资行业组合	市值(亿元)	占净值
中国平安	601318	9011.14	694758.61	15.64%	金融业	253.17	57.00%
贵州茅台	600519	422.32	360653.81	8.12%	制造业	114.74	25.83%
招商银行	600036	8597.54	291628.67	6.57%	建筑业	22.06	4.97%
兴业银行	601166	10361.80	188273.89	4.24%	采矿业	18.56	4.18%
中信证券	600030	6372.17	157902.25	3.56%	房地产业	15.52	3.49%
伊利股份	600887	5052.30	147072.47	3.31%	交通运输、仓储和邮政业	6.58	1.48%
恒瑞医药	600276	2197.67	143771.64	3.24%	信息传输、软件和信息技术服务业	6.14	1.38%
交通银行	601328	22672.27	141474.94	3.19%			
民生银行	600016	20668.01	131035.19	2.95%	租赁和商务服务业	5.65	1.27%
农业银行	601288	31620.49	117944.44	2.66%	科学研究和技术服务业	0.81	0.18%

图 5-1　华夏上证 50ETF 投资组合

2. 沪深 300ETF

（1）目标指数

沪深 300 指数，是由沪深证券交易所于 2005 年 4 月 8 日联合发布的反映沪深 300 指数编制目标和运行状况的金融指标，由 300 个股票组成，能够作为投资业绩的评价标准，为指数化投资和指数衍生产品创新提供基础条件。

（2）基金产品

华泰柏瑞沪深 300ETF（基金代码 510300）。本基金由华泰柏瑞基金管理有限公司发行，主要采取完全复制法，目标指数沪深 300 指数。图 5-2 是该基金的投资组合（截至 2019 年 3 月 31 日）。

十大重仓股

2019-03-31

股票名称	股票代码	持有量(万股)	市值(万元)	占净值
中国平安	601318	2942.36	226856.30	6.92%
贵州茅台	600519	138.96	118671.99	3.62%
招商银行	600036	2796.58	94859.85	2.89%
兴业银行	601166	3384.78	61501.47	1.88%
格力电器	000651	1304.79	61599.31	1.88%
美的集团	000333	1262.02	61498.24	1.88%
中信证券	600030	2131.55	52819.87	1.61%
五粮液	000858	519.59	49361.06	1.51%
伊利股份	600887	1638.59	47699.29	1.46%
恒瑞医药	600276	723.48	47330.00	1.44%

投资行业组合	市值(亿元)	占净值
制造业	132.86	40.54%
金融业	112.02	34.18%
房地产业	16.07	4.90%
信息传输、软件和信息技术服务业	12.86	3.92%
建筑业	11.04	3.37%
采矿业	10.53	3.21%
交通运输、仓储和邮政业	10.02	3.06%
电力、热力、燃气及水生产和供应业	8.15	2.49%

图 5-2　华泰柏瑞沪深 300ETF 投资组合

3. 中证 500ETF

（1）目标指数

中证 500 指数，是中证指数有限公司所开发的指数中的一种，其样本空间内股票是由全部 A 股中剔除沪深 300 指数成分股及总市值排名前 300 名的股票后，总市值排名靠前的 500 只股票组成，综合反映中国 A 股市场中一批中小市值公司的股票价格表现。

（2）基金产品

南方中证 500ETF（基金代码 510500）。本基金由南方基金管理股份有限公司发行，采用完全复制法跟踪标的指数的表现，标的指数为中证 500 指数，具有与标的指数以及标的指数所代表的股票市场相似的风险收益特征。图 5-3 是该基金的投资组合（截至 2019 年 3 月 31 日）。

十大重仓股

2019-03-31

股票名称	股票代码	持有量(万股)	市值(万元)	占净值
顺鑫农业	000860	411.85	24970.52	0.58%
泰格医药	300347	353.30	23423.65	0.54%
中炬高新	600872	571.15	20892.66	0.49%
生物股份	600201	1194.79	21243.43	0.49%
广联达	002410	690.60	20586.82	0.48%
汤臣倍健	300146	903.16	20637.27	0.48%
金科股份	000656	2725.40	19895.40	0.46%
紫光国微	002049	429.34	19333.36	0.45%
中国长城	000066	1823.74	19276.88	0.45%
二三四五	002195	3163.52	19170.94	0.45%

投资行业组合	市值(亿元)	占净值
制造业	229.54	53.30%
信息传输、软件和信息技术服务业	40.62	9.43%
房地产业	23.50	5.46%
批发和零售业	20.70	4.81%
金融业	15.26	3.54%
交通运输、仓储和邮政业	14.12	3.28%
电力、热力、燃气及水生产和供应业	12.18	2.83%
采矿业	11.66	2.71%
文化、体育和娱乐业	10.40	2.41%
建筑业	7.19	1.67%

图 5-3　南方中证 500ETF 投资组合

4. 创业板指数 ETF

（1）目标指数

创业板指数，就是以起始日为一个基准点，按照创业板所有股票的流通市值，一个一个计算当天的股价，再加权平均，与开板之日的"基准点"比较。深圳证券交易所于 2010 年 6 月 1 日起正式编制和发布创业板指数。该指数的编制参照深证成分指数和深证 100 指数的编制方法和国际惯例（包括全收益指数和纯价格指数）。至此，创业板指数、深证成分指数、中小板指数共同构成反映深交所上市股票运行情况的核心指数。

（2）基金产品

易方达创业板 ETF（股票代码 159915）。本基金为指数型基金，标的指数为创业板指数，由易方达基金管理有限公司发行，采用完全复制法跟踪标的指数的表现，具有与标的指数相似的风险收益特征。图 5-4 是该基金的投资组合。（截至 2019 年 3 月 31 日）

十大重仓股

2019-03-31

股票名称	股票代码	持有量(万股)	市值(万元)	占净值	投资行业组合	市值(亿元)	占净值
温氏股份	300498	6385.22	259240.09	12.38%	制造业	95.61	45.65%
东方财富	300059	6567.44	127276.93	6.08%	信息传输、软件和信息技术服务业	54.51	26.03%
沃森生物	300142	2000.37	51009.46	2.44%	农、林、牧、渔业	25.92	12.38%
爱尔眼科	300015	1439.07	48928.48	2.34%	文化、体育和娱乐业	10.77	5.14%
汇川技术	300124	1751.06	45930.20	2.19%	卫生和社会工作	9.75	4.66%
乐普医疗	300003	1708.28	45269.43	2.16%	水利、环境和公共设施管理业	5.28	2.52%
信维通信	300136	1408.09	40581.21	1.94%	科学研究和技术服务业	4.15	1.98%
机器人	300024	2076.65	39664.09	1.89%	租赁和商务服务业	1.24	0.59%
智飞生物	300122	771.85	39441.75	1.88%	建筑业	0.93	0.44%
三环集团	300408	1830.67	37968.12	1.81%	金融业	0.00	0.00%

图 5-4　易方达创业板投资组合

二、LOF 基金

LOF 基金，英文全称是"Listed Open-Ended Fund"，汉语称为"上市型开放式基金"，也就是上市型开放式基金发行结束后，投资者既可以在指定网点申购与赎回基金份额，也可以在交易所买卖该基金。不过投资者如果是在指定网点申购的基金份额，想要上网抛出，须办理一定的转托管手续；同样，如果是在交易所网上买进的基金份额，想要在指定网点赎回，也要办理一定的转托管手续。

量化基金

（一）LOF 基金特点

1. 多种交易渠道

上市型开放式基金获准在深交所上市交易后，投资者既可以选择在银行等代销机构按当日收市的基金份额净值申购、赎回基金份额，也可以选择在深交所各会员证券营业部按撮合成交价买卖基金份额。

养老目标基金

2. 减少交易费用

投资者通过二级市场交易基金，可以减少交易费用。目前封闭式基金的交易费用为三部分：交易佣金、过户费和印花税，其中过户费和印花税不收，交易佣金为3‰，可以视交易量大小向下浮动，最低可到1‰左右。对比开放式基金场外交易的费用，开放式基金按类型有所不同。按双向交易统计，场内交易的费率两次合并为6‰，场外交易申购加赎回股票型基金为15‰以上，债券型基金一般也在6‰以上。场外交易的成本远大于场内交易的成本。

3. 加快交易速度

开放式基金场外交易采用未知价交易，T+1 日交易确认，申购的份额 T+2 日才能赎回，赎回的金额 T+3 才能从基金公司划出，需要经过托管银行、代销商划转，投资者最迟 T+7 日才能收到赎回款。

LOF 增加了开放式基金的场内交易，买入的基金份额 T+1 日可以卖出，卖出的基金款如果参照证券交易结算的方式，当日就可用，T+1 日可提现金，与场外交易比较，买入比申购提前 1 日，卖出比赎回最多提前 6 日。减少了交易费用和加快了交易速度直接的效果是基金成为资金的缓冲池。

（二）LOF 基金的套利

LOF 采用场内交易和场外交易同时进行的交易机制为投资者提供了基金净值和围绕基金净值波动的场内交易价格，由于基金净值是每日交易所收市后按基金资产当日的净值计算的，场外的交易以当日的净值为准采用未知价交易，场内的交易以交易价格为准，交易价格以昨日的基金净值为参考，以供求关系实时报价。场内交易价格与基金净值价格不同，投资者就有套利的机会。

比如，当 LOF 基金二级市场交易价格超过基金净值时，并且这样的差价足够大过其中的交易费用（一般申购费 1.5%+ 二级市场 0.3% 交易费用），那么套利机会就出现了。具体操作方式如下。

（1）进入相关券商资金账户（该账户必须挂深圳股东卡），选择股票交易项目下的"场内基金申赎"，输入 LOF 基金代码，然后点击"申购"和购买金额后，完成基金申购。

（2）T+2 交易日，基金份额将到达客户账户。也就是说，客户星期一申购的 LOF 基金，如中间无休息日，份额将于星期三到其账户。

（3）从申购（也包括认购）份额到达客户账户的这一天开始，任何一天，只要市场价格大于净值的幅度超过套利交易费用（一般情况下，该费用 =1.5% 申购费 +0.3% 交易费用），无风险套利机会就出现了。

比如，客户以 1 元净值申购，二级市场价格在 1.018 元以上时，例如价格在 1.04 元，那么，客户以 1.04 元卖出，扣除交易费用 0.018 元，客户将获益 1.04-1.018=0.022 元，收益率达 2.2%。

三、QDII 基金

（一）认识 QDII 基金

QDII 是 Qualified Domestic Institutional Investor（合格的境内机构投资者）的首字缩写。它是在一国境内设立，经该国有关部门批准从事境外证券市场的股票、债券等有价证券业务的证券投资基金。和 QFII（合格的境外机构投资者）一样，它也是在货币没有实现完全可自由兑换、

QDII 基金

资本项目尚未开放的情况下，有限度地允许境内投资者投资境外证券市场的一项过渡性的制度安排。

1.QDII 基金优势

（1）可以投资中国所没有的产品。

（2）分散单一市场资产配置，我们国内指数起伏很大，而境外发达国家或地区市场相对较稳定，此外境外新兴市场也有较多机会。

（3）分享全球经济增长。

2.QDII 基金的风险

（1）区域风险。由于 QDII 属于全球范围的投资，某种程度上它可以分散单一市场风险，但是另一方面，投资区域选择的不同会带来 QDII 的区域性风险。比如说，如果 QDII 投资标的市场与中国有较高的相关度，QDII 基金分散区域经济风险的效果便会降低。另外，QDII 基金如果能正确把握住不同市场的经济增长的方向以及速度，可能会分享全球经济的增长，但是如果不能正确把握住机会，反而会增大

QDII 基金投资的区域性风险。

（2）汇率风险。在人民币升值的背景下，QDII 基金实际上还面临着收益的汇率风险。举例来说，如果人民币对美元大幅升值，以美元或者与美元挂钩的货币为结算单位的 QDII 基金就可能存在汇兑上的风险损失。

（3）操作风险。由于目前国内境外投资经验不是很丰富，在这种情况下，管理团队的操作风险也值得关注。另外，某些基金公司是通过聘请境外投资团队管理 QDII 基金的，如果国内基金公司对 QDII 投资组合的风险控制能力不足，也会增大 QDII 基金的风险。

（二）投资 QDII 基金

1. 投资 QDII 基金的步骤

（1）确定要投资的对象，包括投资区域、投资标的等。投资区域选择很重要，不同国家或地区的经济发展情况不同，股票市场的表现也会有较大差异，应尽量选择近几年经济发展较好的国家或地区进行投资，股票回报会比较高。投资标的包括股票、黄金以及商品类。股票市场不好的时候可以考虑黄金以及商品类 QDII 基金。

（2）寻找 QDII 基金列表，建立可选基金池。目前 QDII 产品也越来越丰富，可以根据自己的选择对象，找出可选的基金集合。

（3）在基金池中确定要投资的品种。对可选基金的基本资料进行分析，包括投资目标、投资对象、投资风险等。可选择一些具有一定境外投资经验的基金公司的产品进行投资。为了分散风险，也可以选择 2 ～ 3 个基金产品进行组合。

2. 部分 QDII 基金介绍（见表 5-1）

表 5-1　部分 QDII 基金介绍

基金名称	基金概况	业绩比较基准	风险收益特征
易方达原油证券投资基金 (QDII)A 类人民币（161129）	本基金在全球范围内精选优质的原油 ETF、原油基金，以及法律法规或中国证监会允许基金投资的其他金融工具进行投资，力求基金净值增长率与业绩比较基准增长率相当。通常情形下，本基金大部分资产将投资于原油 ETF，在原油 ETF 投资品种缺失或流动性不足或投资其他金融工具可以更好地实现本基金投资目标等情况下，本基金可选择其他金融工具进行投资，以实现投资目标。	标准普尔高盛原油商品指数（S&PGSCI Crude Oil Index ER）	历史上原油价格波动幅度较大，波动周期较长，预期收益可能长期超过或低于股票、债券等传统金融资产，因此本基金是预期收益与预期风险较高的基金品种。
嘉实黄金证券投资基金（160719）	本基金主要通过投资于海外市场跟踪黄金价格的交易所交易基金 (ETF) 以实现对黄金价格的有效跟踪，所投资的海外市场黄金 ETF 将以有实物黄金支持的金融工具为主。	（经汇率调整后的）伦敦金价格	本基金属于基金中基金，本基金的表现与黄金价格走势直接相关，预期收益可能长期超过或低于股票、债券等传统金融资产。
易方达标准普尔 500 指数证券投资基金 (LOF)(人民币)（161125）	本基金主要采用完全复制法进行投资。本基金力争将年化跟踪误差控制在 4% 以内，日跟踪偏离度绝对值的平均值控制在 0.35% 以内。	标准普尔 500 指数收益率（使用估值汇率折算）×95%+ 活期存款利率（税后）×5%	本基金属股票指数基金，预期风险与收益水平高于混合型基金、债券型基金与货币市场基金。本基金主要采用组合复制策略和适当的替代性策略实现对标的指数的紧密跟踪，具有与标的指数相似的风险收益特征。

基金名称	基金概况	业绩比较基准	风险收益特征
易方达纳斯达克100 指数证券投资基金 (LOF) 人民币（161130）	本基金属股票指数基金，目标指数为纳斯达克100 指数，主要采用组合复制策略和适当的替代性策略实现对标的指数的紧密跟踪，具有与标的指数相似的风险收益特征。	纳斯达克100 指数收益率（使用估值汇率折算）×95%+活期存款利率（税后）×5%	本基金预期风险与收益水平高于混合型基金、债券型基金与货币市场基金。基金主要投资美国证券市场，需承担汇率风险以及境外市场的风险。
鹏华港美互联股票(LOF)人民币（160644）	本基金将根据中国香港和美国资本市场情况、互联网行业发展动态、行业竞争格局、企业竞争优势等进行综合分析、评估，精选优秀的互联网企业构建股票投资组合。	中证海外中国互联网指数（人民币计价）×95%+人民币活期存款利率（税后）×5%	本基金为股票型基金，风险和收益高于货币市场基金、债券型基金和混合型基金，具有较高预期风险、较高预期收益的特征。
华安国际龙头(DAX)交易型开放式指数证券投资基金联接基金（000614）	本基金主要投资于目标ETF、境外交易的跟踪同一标的指数的公募基金、德国DAX指数成分股及备选成分股、跟踪德国DAX指数的股指期货等金融衍生品、固定收益类证券、银行存款、货币市场工具以及法律法规或中国证监会允许基金投资的其他金融工具（但须符合中国证监会相关规定）。	经人民币汇率调整的法兰克福DAX指数收益率×95%+人民币活期存款税后利率×5%	本基金属于ETF联接基金，预期风险与预期收益高于混合型基金、债券型基金与货币市场基金。

续表

基金名称	基金概况	业绩比较基准	风险收益特征
上投摩根亚太优势混合型证券投资基金（377016）	本基金投资组合中股票及其他权益类证券市值占基金资产的60%～100%，现金、债券及中国证监会允许投资的其他金融工具市值占基金资产的0%～40%。本基金主要投资于亚太地区证券市场以及在其他证券市场交易的亚太企业。亚太企业主要是指登记注册在亚太地区、在亚太地区证券市场进行交易或其主要业务经营在亚太地区的企业。投资市场为中国证监会允许投资的国家或地区证券市场。	摩根士丹利综合亚太指数（不含日本）(MSCIAC Asia Pacific Index excludes Japan)	本基金风险与收益高于债券型基金与货币市场基金，属于较高风险、较高收益的品种。
广发全球医疗保健指数证券投资基金（000369）	本基金以跟踪标准普尔全球1200医疗保健指数为原则，进行被动式指数化长期投资，为投资者提供一个投资全球医疗保健相关公司的有效投资工具，谋求分享全球医疗保健相关企业在经济和资本市场发展中长期稳健增长的成果。	标准普尔全球1200医疗保健指数(S&P Global 1200 Health Care Sector Index)	本基金为股票指数型基金，主要采用完全复制法跟踪标的指数，具有与标的指数以及标的指数所代表的股票市场相似的风险收益特征。

QDII 基金分析

➤ **实训要求**

1. 列出目前 ETF 具体品种，并指出哪些指数有对应的 ETF 基金。

2. 通过行情软件查看 LOF 基金，并比较 LOF 基金通过柜台交易和交易所交易存在哪些区别。

3. 查看目前有哪些 QDII 基金，比较最近 1 年 QDII 基金的表现，结合境外市场情况加以说明。

扫码练一练

实训六
基金的选择和投资策略

➤ **知识目标**

掌握基金选择的方法，熟悉基金定投、基金转换、被动投资、基金组合等投资策略。

➤ **能力目标**

以身边熟悉的人或家庭为背景，为其选择基金产品：

1. 根据理财对象的情况，选择合适的基金。

2. 根据理财对象是否可以进行基金定投，选择合适的定投产品。

3. 如果选择一个基金有风险，为其设计一个合适的基金投资组合。

➤ **知识链接**

一、选择基金类型

（一）按收益风险来选择（见表6-1）

表6-1　按收益风险来选择

收益风险	基金类型	适合人群
高风险型	股票型、指数型、偏股型、成长型、小盘基金	年轻人，风险偏好者
中等风险型	平衡型、偏债型、大盘蓝筹基金	中年人，风险中性者
低风险型	货币型、债券型、保本型	老年人，风险厌恶者

（二）按不同理财需求来选择（见表6-2）

表6-2　按不同理财需求来选择

不同理财需求	基金类型	资金用途
短期周转型	货币基金、债券基金	短期资金存放
中期投资型	股票型	提高闲散资金的回报率
长期理财型	指数型、债券型、混合型	教育金、养老金等

（三）按不同地区来选择（见表6-3）

表6-3　按不同地区来选择

不同地区	基金类型	适合人群
国内基金	投资于A股市场	大部分国内投资者
QDII基金	投资于全球或国外某些地区	需要分散市场风险的投资者

（四）按特殊理财需求来选择（见表6-4）

表6-4　按特殊理财需求来选择

特殊理财需求	基金类型	理财作用
抗通胀型	抗通胀型基金	抵御通胀
特殊行业型	专注某行业的行业基金（如医药行业基金、信息产业基金等）	享受景气行业的超额回报
商品挂钩型	石油基金、黄金基金、农产品基金等	享受某商品及其衍生品的投资回报

▶ 案例分析

请为表6-5中基金说明基金的类型和适合的人群（理财用途）

表6-5　各基金的基金说明

序号	基金名称	基金说明
1	广发亚太精选	通过在亚太区域内进行积极的资产配置和组合管理，有效分散基金的投资组合风险，实现基金资产的持续、稳健增值。
2	嘉实黄金	本基金主要投资于境外市场以实物黄金为支持的交易所交易基金等金融工具，通过严格的投资纪律约束和数量化的风险管理手段，力争实现对国际市场黄金价格走势的有效跟踪。
3	广发小盘成长	依托中国良好的宏观经济发展形势和资本市场的高速成长，通过投资于具有高成长性的小市值公司股票，以寻求资本的长期增值。

续表

序号	基金名称	基金说明
4	博时医疗保健行业	本基金精选医疗保健行业的优质上市公司，在严格控制风险的前提下，力争获得超越业绩比较基准的投资回报。
5	博时标准普尔500	投资于标的指数所表征的市场组合，以期获得标的指数所表征的市场平均水平的投资收益。
6	易方达稳健债券A	主要通过投资于债券品种，追求基金资产的长期稳健增值。
7	银华抗通胀主题	基于国际大宗商品与全球宏观经济及通货膨胀的紧密联系，通过对全球宏观经济和主要经济体经济周期的深入研究分析，有效配置资产，并通过精选抗通胀主题的基金，抵御通胀风险，提高投资组合的风险调整收益，实现基金资产的长期稳定增值。
8	汇添富保本	本基金主要通过投资组合保险技术来运作，在保证本金安全的前提下，力争在保本周期内实现基金财产的稳健增值。
9	工银精选平衡	对具有不同风险收益特征的股票资产和债券资产进行战略资产配置，保持基金相对稳定的风险收益特征。专注基本面研究，投资于固定收益证券以使基金具有一部分相对稳定的当期收益，同时，精选治理结构完善、经营稳健、业绩优良、具有可持续增长前景的上市公司股票，实现基金资产长期增值。
10	富国天时货币A	本基金主要投资于货币市场工具，在充分重视本金安全的前提下，确保基金资产的高流动性，追求超越业绩比较基准的稳定收益。

二、筛选基金

（一）选基金公司

国内基金公司排名

基金公司的选择可以参考以下指标。

（1）成立时间。成立时间长的基金公司管理经验多，应尽量选择老牌的基金公司。

（2）基金资产管理规模。资产规模越大，说明购买该基金的资金越多，投资者比较看好，同时管理资产多有利于基金公司花更多的成本去研究，提高基金公司的操作水平。避免选择基金规模较小的基金公司。

（3）基金产品数量。基金公司产品多，类型全，有利于投资者进行基金的选择和转换，减少投资者的换仓成本。

（二）看基金业绩

基金业绩是投资者最关心的问题，也是决定投资回报的最重要的指标。购买基金时虽然无法预测基金的未来业绩，但是我们可以查看该基金过去的业绩。我们应该购买过去业绩稳定，在同类基金中排名较好的基金产品进行投资。比如说我们可以将同类基金分别按1年、2年、3年进行业绩排名，选出排名前20%的基金进入我们的可选目标。

（三）看基金评级

基金评级是指一些评级机构对基金历史业绩进行综合评价，看它们以往做得怎么样，并假设这些基金还能继续按以往的水平发展下去，进而给基金投资者选择基金作为参考。普通投资者在购买基金时，可以选择一些评级比较高的基金，比如四星级以上的基金。一般我们可以上一些专业财经网站查阅基金评级。比如天天基金网（http://www.1234567.com.cn）上的基金评级汇集了上海证券、招商证券、济安金信等机构的评级。图6-1是某时点一些股票型基金的评级。

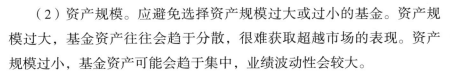

图6-1　天天基金网基金评级页面

（四）其他标准

（1）成立时间。一般我们应该购买成立2年以上的老基金，因为老基金我们可以分析它以前的表现情况，而新基金我们无法分析。

（2）资产规模。应避免选择资产规模过大或过小的基金。资产规模过大，基金资产往往会趋于分散，很难获取超越市场的表现。资产规模过小，基金资产可能会趋于集中，业绩波动性会较大。

基金的选择因素

（3）投资组合。查看基金的投资组合。频繁更换重仓股的基金尽量不要买，说明该基金的投资理念不稳定。基金投资组合较大偏离了基金契约目标的基金不要买，说明该基金已经违背了契约。

三、基金定投

基金定投是定期定额投资基金的简称，是指在固定的时间（如每月 8 日）以固定的金额（如 500 元）投资到指定的开放式基金中，类似于银行的零存整取方式。这样投资可以平均成本、分散风险，比较适合进行长期投资。

基金定投

（一）基金定投的优点

（1）省时省力，省事省心。办理基金定投之后，代销机构会在每个固定的日期自动扣缴相应的资金用于申购基金，投资者只需确保银行卡内有足够的资金即可，省去了去银行或者其他代销机构办理的时间和精力。

（2）定期投资，积少成多。投资者可能每隔一段时间就会有一些闲散资金，通过定期定额投资计划购买标的进行投资增值可以"聚沙成丘"，在不知不觉中积攒一笔不小的财富。

（3）不用考虑投资时点。投资的要诀就是"低买高卖"，但很少有人能在投资时掌握到最佳的买卖点获利，为避免这种人为的主观判断失误，投资者可通过"定投计划"来投资市场，不必在乎进场时点，不必在意市场价格，无须为其短期波动而改变长期投资决策。

（4）平均投资，分散风险。资金是分期投入的，投资的成本有高有低，长期平均下来比较低，所以最大限度地分散了投资风险。

（5）复利效果，长期可观。"定投计划"收益为复利效应，本金所产生的利息加入本金继续衍生收益，通过利滚利，随着时间的推移，复利效果越明显。定投的复利效果需要较长时间才能充分展现，因此不宜因市场短线波动而随便终止。只要长线前景佳，市场短期下跌反而是累积更多便宜单位数的时机，一旦市场反弹，长期累积的单位数就可以一次获利。

（6）办理手续便捷快速。目前，很多商业银行开通了基金定投业务，而且基金定投的进入门槛较低，最低每月投资 200 元就可以进行基金定投。投资者可以在网上进行基金的申购、赎回等所有交易，实现基金账户与银行资金账户的绑定，设置申购日、金额、期限、基金代码等进行基金的定期定额定投。与此同时，网上银行还具备基金账户查询、基金账户余额查询、净值查询、变更分红方式等多项功能，投资者可轻松完成投资。

（二）适合人群

（1）年轻的"月光族"。由于基金定投具备投资和储蓄两大功能，可以在发工资后留下日常生活费，部分剩余资金做定投，以"强迫"自己进行储蓄，培养良好的理财习惯。

（2）领固定薪水的上班族。大部分的上班族薪资所得在应付日常生活开销后，结余金额往往不多，小额的定期定额投资方式最为适合。而且由于上班族大多并不具备较高的投资水平，无法准确判断进出场的时机，所以通过基金定投这种工具，可稳步实现资产增值。

（3）在未来某一时点有特殊（或较大）资金需求的。例如3年后须付购房首付款、20年后子女出国的留学基金，乃至于30年后自己的退休养老基金等等。在已知未来将有大额资金需求时，提早以定期小额投资方式来筹集，不但不会造成自己日常经济上的负担，更能让每月的小钱在未来轻松演变成大钱。

（4）不喜欢承担过大投资风险者。由于定期定额投资有投资成本加权平均的优点，能有效降低整体投资成本，使得价格波动的风险下降，进而稳步获利，是长期投资者对市场长期看好的最佳选择工具。

（三）基金定投投资原则

（1）设定理财目标。固定每次扣款数额，但不确定时间，净值高时买进的份额数少，净值低时买进的份额数多，这样可分散进场时间。这种"平均成本法"最适合筹措退休基金或子女教育基金等。

（2）量力而行。定期定额投资一定要做得轻松、没负担。曾有客户为分散投资标的而决定每月扣款5000元，但一段时间后却必须把定期存款取出来继续投资，这样太不划算。建议大家最好先分析一下自己每月收支状况，计算出固定能省下来的闲置资金，300元、500元都可以。

（3）选择有上升趋势的市场。超跌但基本面不错的市场最适合开始定期定额投资，即便目前市场处于低位，只要看好未来长期发展，就可以考虑开始投资。

（4）投资期限决定投资对象。定期定额长期投资的时间复利效果分散了股市多空、基金净值起伏的短期风险，只要能遵守长期扣款原则，选择波动幅度较大的基金其实更能提高收益，而且风险较高的基金的长期报酬率应该胜过风险较低的基金。如果较长期的理财目标是5年以上至10年、20年，不妨选择波动较大的基金；而如果是5年内的目标，还是选择绩效较平稳的基金为宜。

（5）持之以恒。长期投资是定期定额积累财富最重要的原则，这种方式最好要持续3年以上，才能得到好的效果，并且长期投资更能发挥定期定额的复利效果。

（6）掌握解约时机。定期定额投资的期限也要因市场情形来决定，比如已经投资了2年，市场上升到了非常高的点位，并且分析之后行情可能将进入另一个空头循环，那么最好先行解约获利了结。如果即将面临资金需求，例如退休年龄将至，就更要开始关注市场状况，决定解约时点。

（7）善用部分解约，适时转换基金。开始定期定额投资后，若临时必须解约赎回或者市场处在高点位置，而自己对后市情况不是很确定，也不必完全解约，可赎回部分份额取得资金。若市场趋势改变，可转换到另一轮上升趋势的市场中，继续进行定期定额投资。

四、基金转换

基金转换是指投资者在持有本公司发行的任一开放式基金后，可将其持有的基金份额直接转换成本公司管理的其他开放式基金的基金份额，而不需要先赎回已持有的基金单位再申购目标基金的一种业务模式。投资者可在任一同时代理拟转出基金及转入目标基金销售的销售机构处办理基金转换。转换的两只基金必须都是该销售人代理的同一基金管理人管理的、在同一注册登记人处注册的基金。

（一）转换条件

转换申请中的两只基金要符合如下条件：

（1）在同一家销售机构销售的，且为同一注册登记人的两只开放式基金；

（2）前端收费模式的开放式基金只能转换到前端收费模式的其他基金，申购费为零的基金默认为前端收费模式；

（3）后端收费模式的基金可以转换到前端或后端收费模式的其他基金。

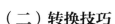

（二）转换技巧

1. 时机

如果投资者已经有一定的市场经验，可以在市场低迷的时候投资货币市场基金，在行情有起色的时候再把货币市场基金转换成相应的股票型基金。这样，投资者一方面可以享受货币市场基金高于银行定期存款的收益，同时也能享受市场上升时带来的收益。同样道理，如果投资者觉得市场比较弱的时候，可以将自己的股票型基金转换成货币市场基金，避免市场波动对已实现收益的影响。

（1）根据宏观经济形式把握转换时机。投资者要注重宏观经济以及各类金融市场的趋势分析。在经济复苏期，股市逐渐向好时，投资者应选择股票型基金；当经济高涨，股市涨至高位时，投资者应逐步转换到混合型基金；在利率高期，经济过热，即将步入衰退期时，投资者可转换到债券型基金或货币市场基金。

（2）根据证券市场走势选择转换时机。股票市场经过长期下跌后开始中长期回升时，适宜将货币市场、债券型基金转换为股票型基金，以充分享受股票市场上涨带来的收益；当股票市场经过长期上涨后开始下跌时，适宜将股票型基金转换为货币市场或债券型基金，以回避风险。

（3）根据具体基金的盈利能力选择转换时机。随着基金规模的不断壮大，大的基金公司一般都会有几只不同风格的配置型基金和股票型基金，表现有差异也是必然的，当目标基金的投资能力突出、基金净值增长潜力大的时候就可以考虑将手中表现相对较差的基金转出。

2. 费率

基金转换时，投资者只需支付较低的转换费率，不必要支付较高的赎回和申购费率。一般来说，基金管理公司为了挽留投资者，一般设定的转换费率是千分之一（非货币市场基金的相互转换），即1000元的资产支付1元的转换费率，而与此相对的赎回和申购费率分别是千分之五和百分之一点五，也就是1000元的资产需要支付20元的赎回和申购的费率，这个费用是转换费的20倍。

部分投资者在购买基金的时候，对自己所购买的基金并不是特别了解，明明是风险承受能力较高的投资者，结果买了混合型基金；而有的投资者不喜欢净值波动较高的基金，却在购买的时候误买了股票型基金。当发生这种情况的时候，建议投资者不必马上赎回基金，而是选择基金转换的方式，将自己现有的基金转换成适合自己的基金产品。

五、基金被动投资策略

基金被动投资策略主要是买入并持有一类基金，以长期投资为主，投资品种主要选择指数型基金。

指数基金是通过购买一部分或全部的某指数所包含的股票来构建指数基金的投资组合，目的就是使这个投资组合的变动趋势与该指数相一致，以取得与指数大致相同的收益率。

（一）指数基金的特点

1. 费用低廉

由于采用被动投资，基金管理费一般较低，美国市场的指数基金平均管理费率约为 0.18% ～ 0.30%；同时由于指数基金采取持有策略，不经常换股，交易佣金等费用远远低于积极管理型基金，这个差异有时达到了 1% ～ 3%，虽然从绝对额上看这是一个很小的数字，但是由于复利效应的存在，在一个较长的时期里累积的结果将对基金收益产生巨大影响。

指数基金

2. 分散和防范风险

一方面，由于指数基金广泛地分散投资，任何单个股票的波动都不会对指数基金的整体表现构成影响，从而分散风险。另一方面，由于指数基金所盯住的指数一般都具有较长的历史可以追踪，因此，在一定程度上指数基金的风险是可以预测的。此外，采取被动跟踪指数成分股的投资策略，也能有效降低非系统风险和基金管理人的道德风险。

3. 延迟纳税

由于指数基金采取了一种购买并持有的策略，所持有股票的换手率很低，只有当一个股票从指数中被剔除的时候，或者投资者要求赎回投资的时候，指数基金才会出售持有的股票，实现部分资本利得，这样，每年所缴纳的资本利得税很少，再加上复利效应，延迟纳税会给投资者带来很多好处，尤其在累积多年以后，这种效应就会愈加突出。

4. 监控较少

由于运作指数基金不用进行主动的投资决策，所以基金管理人基本上不需要对基金的表现进行监控。指数基金管理人的主要任务是监控对应指数的变化，以保证指数基金的组合构成与之相适应，以实现"赚了指数就赚钱"的目的。

（二）指数基金的优势

和其他积极管理类型的基金相比，指数基金具有以下优势：

（1）跟踪基准指数，具有巨大的成本优势，可以实现"赚了指数就赚钱"的目标；

（2）能有效降低非系统风险和基金管理人的道德风险；

（3）基金收益的可预测性强，基金业绩表现相对稳定，适合个人投资者进行长期投资；

（4）是国内外机构投资者投资中国市场的有效工具，特别是合格的境外投资者（QFII）政策的推出，指数基金将成为合格的境外投资者（QFII）进入中国证券市场的首选投资工具。

投资大师沃伦·巴菲特曾在其致股东的信中谈及指数基金。他说，对大部分的机构和个人投资者而言，投资于费用低廉的指数基金是拥有普通股的最佳方式。

（三）部分指数基金介绍

（1）鹏华沪深300指数证券投资基金(LOF)。该基金采用指数化投资方式，追求基金净值增长率与业绩比较基准收益率之间的跟踪误差最小化，力争将日平均跟踪误差控制在0.35%以内，以实现对沪深300指数的有效跟踪。

（2）博时标准普尔500指数型证券投资基金。该基金属于股票型基金，其预期收益及风险水平高于混合型基金、债券型基金与货币市场基金，属于高风险/高收益特征的开放式基金。本基金为被动式投资的股票指数型基金，主要采用完全复制策略，跟踪美国市场股票指数，其风险收益特征与标的指数所表征的市场组合的风险收益特征相似。

（3）汇添富上证综合指数证券投资基金。该基金采取抽样复制方法进行指数化投资，通过严格的投资纪律约束和数量化风险管理手段，力争控制本基金净值增长率与业绩比较基准（上证综合指数收益率×95%+银行活期存款利率（税后）×5%）之间的日平均跟踪误差小于0.35%，且年化跟踪误差小于6%，以实现对基准指数的有效跟踪。

（4）易方达创业板交易型开放式指数证券投资基金。本基金属股票型基金，预期风险与收益水平高于混合型基金、债券型基金与货币市场基金。本基金为指数型基金，采用完全复制法跟踪创业板指数的表现，具有与标的指数相似的风险收益特征。

（5）中小企业板交易型开放式指数基金。本基金属股票型基金，风险与收益高于混合型基金、债券型基金与货币市场基金。本基金为指数型基金，采用完全复制策略，跟踪反映中小企业板市场的标的指数，是股票型基金中风险较高的产品。

六、基金组合策略

购买单个基金的风险可能比较大，比较稳妥的方法是购买几个基金组成一个组合，这样可以分散风险优化投资。

构建基金组合的方式有很多种，如核心—卫星组合、类型配置组合、风格平衡组合、"80 法则"等等。

（一）核心—卫星组合

是指组合的主要部分选择业绩和风险波动较小的基金，在组合的次要部分选择近期业绩表现较好的基金，例如，70%指数基金＋30%灵活配置基金，70%大盘基金＋30%小盘基金等。核心—卫星组合总体评价是"中庸型"组合，即表现有可能达到同类型的平均水平。

（二）类型配置组合

是指通过投资于不同类型的基金来平衡投资风险，比如：股票型基金＋偏债型基金，混合型基金＋货币市场基金。类型配置的目的是让基金组合降低风险。

（三）风格平衡组合

是指通过投资于不同投资风格的基金来平衡投资风险，比如：成长型基金＋价值型基金，大盘股基金＋小盘股基金。

（四）"80 法则"

"80 法则"描述的是投资和风险承受能力的度量问题。投资者投资股票或股票型基金的资金最好占全部存款的（80－年龄）%。如果投资者的年龄为 40 岁，那么用于投资股票或股票型基金的资金应为 40%，另外 60% 可投资低风险的银行储蓄和国债等。

在投资界，"80 法则"还可以灵活运用：如冒险型的投资者可在依照年龄算出投资股票的比率的基础上再加上 20%，积极型的可再加 10%，保守型的可减去 10%，消极型的可减去 20%。如果投资者是个 40 岁的积极型投资者，那么投资者投资股票或股票型基金的资金占比可提高到 60%。

➤ **实训要求**

　　1.选择合适的基金，为自己制订基金定投计划。

　　2.选择熟悉的家庭，为其制订基金投资计划。

扫码练一练

实训七
基金在家庭理财中的应用

> **知识目标**

熟悉基金在现金规划、教育规划、退休规划和综合理财中的应用。

> **能力目标**

1. 应用货币市场基金为具体案例设计现金规划。

2. 应用基金产品为具体案例设计教育规划。

3. 应用基金产品为具体案例设计退休规划。

> **知识链接**

一、货币市场基金在现金规划中的应用

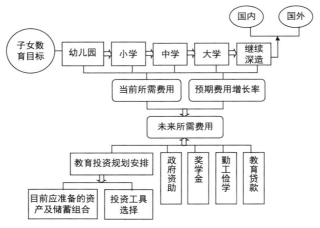

图 7-1　教育投资规划流程

（一）现金规划

为满足个人或家庭短期需求而进行的管理日常现金及现金等价物和短期融资的活动。

（二）现金等价物

流动性强的活期储蓄、各类存款和货币市场基金等金融资产。

（三）流动性比率

流动性比率＝流动性资产／每月支出。

一般家庭流动性比例为3~6倍。

（四）货币市场工具作为现金规划工具的特点

（1）本金安全。仅投资于剩余期限在一年以内的国债、金融债、央行票据、债券回购、同业存款等低风险证券品种，是市场中各类基金中风险最低的。

（2）资金流动性强。货币市场基金到账时间短，T+1或T+2可以取得资金。

（3）收益率相对活期储蓄较高。一般具有国债投资的收益水平，平均可过2%～3%，可以及时把握利率变化及通胀趋势，获得稳定收益，成为抵御物价上涨的工具。

（4）投资成本低。货币市场基金一般免收手续费，认购费、申购费、赎回费都为0，资金进出方便，既降低了投资成本，又保证了流动性。

（5）分红免税。面值永远保持1元，收益天天计算，每月分红结转为基金份额，分红免交所得税。

▶ 案例应用

某家庭每月收入2万元，每月支出8000元，有股票基金10万元，活期存款8万元，每月结余12000元，6000元用于基金定投，6000元暂存为活期存款。

活动任务： 试分析该家庭的现金储备需求，如用货币市场基金工具作为主要现金工具，请为该家庭做一个现金规划方案，可选出2～3个货币基金作为现金储备工具。

分析： 现金储备一般为每月支出的3～6倍。如该家庭应有24000元的现金储备。日常开支可由每月收入中支出，现金储备可由货币市场基金、活期存款等来解决。在该家庭中活期存款太多，回报率太低，可将活期存款转买其他理财产品，只留24000元购买货币市场基金，不仅解决了现金储备问题又提高了收益率。

二、基金在教育规划中的应用

（一）教育规划基础

1. 教育规划的特点

（1）时间弹性。子女到了 18 岁就要念大学，与退休准备不足时推迟退休不同。

（2）费用弹性。教育费用相对固定，不管收入与资产如何，基本负担相同。

（3）规划弹性。子女幼儿阶段开销大，能准备高等教育金的时间只有小学、中学 12 年。

不同时期开始大学教育投资的收益见表 7-1。

2. 教育规划的原则

（1）目标合理 (子女的特点和教育金无弹性的特点)。

（2）提前规划（教育基金的数量仅次于购房)。

（3）定期定额（教育储蓄和教育保险)。

（4）稳健投资（投资损失会影响子女成长)。

表 7-1　不同时期开始大学教育投资的收益（提前规划原则）

客户	甲（孩子刚出生时进行大学教育投资规划）	乙（孩子上小学时进行大学教育投资规划）	丙（孩子上中学时进行大学教育投资规划）
每月投资金额 / 元	150	225	450
投资总年限 / 年	18	12	6
年投资收益率 / %	5	5	5
投资总额 / 元	32400	32400	32400
孩子上大学时的投资总价值 / 元	52380	44272	37694

3. 教育规划流程

（1）明确客户希望其子女未来接受的教育目标，并了解实现该目标当前所需费用。

（2）预测该教育目标费用的增长率，计算实现该目标未来所需费用，以及客户自身应该准备的费用。

（3）分别计算一次性投资所需资金和分期投资所需资金。

（4）选择适当的投资工具进行投资。

（二）开放式基金在教育规划中的应用

▶ 案例分析

王先生夫妇收入中等，王先生月收入 11000 元，王太太 5000 元，存款 10 万元。夫妻两人没有理财经验，也没有进行任何风险投资。除了给 12 岁的儿子买了份保额为 2000 元的保险外，夫妻二人都没有购买保险。关于孩子的教育问题，夫妇有如下设想：18 岁时在国内上大学，本科毕业后到澳大利亚攻读硕士研究生。为此他们想了解如何进行孩子的教育规划。

1. 客户需求分析

收入支出分析（见表 7-2）

表 7-2　收入支出分析

单位：元

收入		支出	
月工资基本收入	16000	保险费	2000
		日常开支	2000
		小孩费用	1200
合计	16000	合计	5200
每月结余	10800		

2. 教育费用估算

（1）国内教育费用估算

假定：通货膨胀率＝生活支出增长率＝3%，大学学费增长率＝5%，现在每年一个大学生的学杂费为 10000 元，生活费为 8000 元，其他费用 2000 元。大学 4 年所需费用如表 7-3。

表 7-3　6 年后大学 4 年所需费用

所需费用	学杂费	生活费	其他	合计
费用 / 元	40000	32000	8000	72000
增长率 / %	5	3	3	
6 年后终值 / 元	53603	38210	9552	101365

（2）国外研究生教育费用估算（见表7-4）

假定：通货膨胀率 = 生活支出增长率 =3%，研究生学费增长率 =5%，汇率 =6.1，研究生2年的费用如下表。

估计：现在每年一个研究生的学杂费为15000澳元，生活费为10000澳元，其他费用8000澳元。

表7-4　10年后研究生所需费用

所需费用	学杂费	生活费	其他	合计
费用 / 元	183000	122000	48800	353800
增长率 / %	5	3	3	
10年终值 / 元	298088	163958	65583	527629

（3）所需教育费用总额及每月应准备金额

假定投资的平均报酬率为8%。

① 费用总额：6年后本科教育需要费用101365元；国外教育费用总额现值387807元；总额费用489172元。

② 每年储蓄金额：66682元

（FV=489172，　N=6，　I/Y=8）

计算 PMT=66682元。

3. 教育资金规划

由于教育储蓄只能享受最高两万元的额度，相比巨额的教育费用实在太低，投资股票、债券风险太大不适合王先生的风险偏好，所以可以采取基金组合产品方案实现教育规划。

每月投资一笔钱，定期定额购买一个开放式基金组合，即1/2债券型基金和1/2股票指数基金。这样一个稳健型的组合投资方案既可有效规避风险，又可获得相对较高的收益。按8%收益测算，月投入5557元，占月收入的35%。基本上不会影响王先生的家庭收支状况和现金流。

三、基金在退休养老规划中的应用

（一）退休规划基础

退休养老规划就是为了保证客户在将来有一个自立、有尊严、高品质的退休生活而从现在开始积极实施的理财方案。

（二）制定退休养老规划的步骤

确定退休目标：退休年龄、退休后生活质量。

预测资金需求：以当前消费水平为参照指标，适当变动。

预测资金需求：退休后第一年支出（20年后）的计算（见表7-5）。

表 7-5　预测退休后第一年支出（20 年后）

项目	目前支出 / 万元	退休调整 / 万元	上涨率 / %	退休时终值 / 万元
饮食	1	1	3	1.81
衣物	0.5	0.3	3	0.54
交通	0.5	0.3	3	0.54
休闲	0.5	0.7	3	1.86
医疗	0.5	0.7	3	1.86
保费房贷	2	0		
子女教育	1	0		
其他	1	1	3	1.81
合计	7	4	3	8.42

预测退休收入：社会保障、企业年金、商业保险、投资收益和兼职工作收入（见图7-2）。

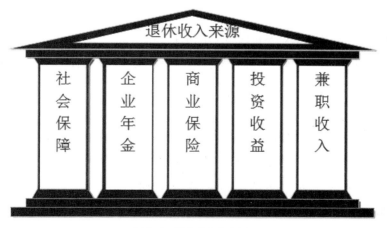

图 7-2　退休后收入来源

填补缺口制定养老规划：预测的退休收入达不到退休后的资金需求的情况（见图7-3）。

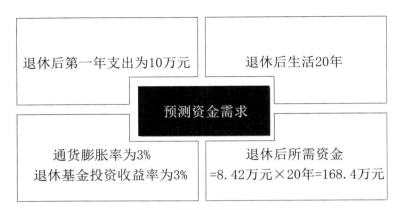

图 7–3　预测退休后所需资金

退休基金缺口 = 资金需求（折现）−[退休收入（折现）+ 已有资金的积累（终值）]

调整方案：适应各因素的变化。

（三）基金在退休规划中的应用

王女士夫妇今年均为 35 岁，两人打算 55 岁退休，预计生活至 85 岁，王女士夫妇预计在 55 岁时的年支出为 10 万元，现在家庭储蓄为 10 万元，该 10 万元用于投资开放式基金。假设通货膨胀率保持 3% 不变，退休前，王女士家庭的投资收益率为 8%，退休后，王女士家庭的投资收益率为 3%。

退休规划分析（见表 7–6）：

（1）计算退休时的年支出。综合考虑通货膨胀率与投资收益率，王女士夫妇 56 岁的年支出在 55 岁时的现值为 10 万元。

通货膨胀率和投资收益率都是 3%，相互抵销了。

（2）退休时王女士夫妇一共需要 300 万元养老金（按退休后生存 30 年计算）。

（3）计算退休时资产终值。在王女士 55 岁时，其 10 万元基金投资恰好为 466095.71 元。

请为其设计这期间具体的基金投资规划。

（4）王女士夫妇的退休金缺口为 2533904.29（3000000−466095.71）元。

（5）如果王女士夫妇采取基金定投方式积累退休金，则每年还需要投资 55371.41 元。

表 7-6　退休规划分析

PV	N	I/Y	PMT	FV
−100000	20	8.00%	0	466,095.71
PV	N	I/Y	FV	PMT
0	20	8.00%	2533904.286	−55,371.41

四、基金家庭理财

（一）客户情况

张先生今年 40 岁，在某事业单位工作，收入一般较稳定，月收入税后在 6000 元左右，还有各种奖金补贴。张太太与张先生同龄，在某金融企业工作，月工资收入 5000 元左右，年终也有一些补助福利，每年有 2 万元左右。孩子 12 岁，刚小学毕业。张先生与张太太单位公费医疗，"五险一金"保险能基本得到保障。张先生家庭住房市值 65 万元，住房贷款已还清。有车贷 9 万元，3 年内还清。家庭的财务状况具体情况如表 7-7 和表 7-8 所示。

表 7-7　张先生家庭资产负债表

项目	金额／元	比重／%	项目	金额／元	比重／%
现金和活期存款	40000	4.76	房贷	0	0
定期存款	150000	17.85	信用卡	0	0
基金	0	0	车贷	90000	100
股票	0	0	个人债务	0	0
房产	650000	77.40	负债合计	90000	100
资产合计	840000	100			
净资产		750000			

表 7-8　张先生家庭年度收支表

收入	金额／元	比重／%	支出	金额／元	比重／%
工资	132000	65.35	日常支出	36000	40.90
			汽车按揭还贷	30000	34.1
奖金	70000	34.65	养车费用	14000	15.90
			旅游支出	8000	9.10

续表

收入	金额 / 元	比重 / %	支出	金额 / 元	比重 / %
收入合计	202000	100	支出合计	88000	100
年余	114000				

（二）投资需求分析

要张先生一家进行财务规划，就需要对其做财务分析，并确定其投资需求。对于财务规划部分，可以对张先生一家的财务比率进行判断，发现张先生家庭的财务比率略有不妥（详见表 7-9）。结余比率较为正常，投资资产相对较少，负债比率较低。而预留的流动资产也非常高，影响了流动资产的收益性。

表 7-9　张先生家庭的财务比率分析

项目	计算公式	参考值 / %	主要反映的家庭财务情况
结余比率	年结余 / 年税后收入 =56.4%	40	储蓄意识良好，理财意识一般
投资净资产比率	投资资产 / 净资产 =0	50	现有投资较少
负债比率	负债 / 总资产 =7.14%	50	偿债能力良好
流动性比率	流动资产 / 月支出 =19	3	有足够的应急储备资金

考虑到家庭的风险承受能力（经过"风险承受能力评估表"测评，得分为 65 分）一般，张先生家庭之前并无任何投资经验，我们初步确定其投资需求有以下几点：

（1）对现有的现金与活期存款加以调整，增加其收益率；

（2）对定期存款进行调整，增加家庭的整体收益；

（3）进行教育投资，为孩子大学的教育资金做准备；

（4）通过稳健投资，为夫妻二人积累退休金。

（三）投资推荐

1. 货币市场基金

张先生家庭目前有现金与活期存款 4 万元，定期存款 15 万元。按照 2011 年前三季度的 CPI 指数（平均在 5% 以上），张先生家庭这一部分的流动资产显然处于不断贬值的状态。由此，可建议张先生在保证流动资产能支付 3 ～ 6 个月家庭支出的情况下，能对这部分资金进行投资，以增加部分收益。具体投资操作有多种途径。例如，可以保留 2 万元的现金，而剩下的 2 万元可用于购买货币市场基金，既能够保持流动性和安全性，又能够获得比银行存款利率高的收益，可以作为家庭应急资金。

2. 基金定投

孩子今年 12 岁，刚小学毕业，从目前来看，孩子的大学教育支出是中短期的首要目标，建议采用基金定投的方式为其准备大学教育金。基金定投是一种定期定额投资，平均投资能够分散风险，不用考虑投资时点，适合长期投资，积少成多。具体操作而言，可建议张先生每月投资 2000 元进行基金定投，到孩子上大学大概还需 6 年时间，我们假设基金的年收益率为 8%，则到期有 18 万元的教育金，能满足大学本科的教育金需求（如图 7-4）。

· 基金定投计算器

计划月定投金额：	2000	元
计划投资年限：	6	年
预期年收益率：	8	%

计算

| 投资年限到期本金收益和： | 185277.65 | 元 |
| 投资年限到期投入总本金 | 144000 | 元 |

图 7-4　用基金定投计算器计算的张先生基金定投预期收益

3. 稳健投资

考虑到张先生家庭的风险承受能力并不高，一般不建议进行股票投资，但可考虑基金的投资，并且建议购买相对较为稳健的股票指数基金、配置型基金和债券型基金，以保证收益的稳定性，避免高风险带来的损失。建议定期存款 15 万元转投资股票指数基金 5 万元、平衡型基金 5 万元和债券型基金 5 万元。并在每年收入结余中分别投入 2 万元购买平衡型基金和债券型基金用于养老金的积累。

基金投资的应用

（四）投资规划的评价

将张先生投资规划前后的财务状况进行对比（如表 7-10）可知，张先生家庭在资产结构、流动性、安全性和收益性上相对得到一个较好的平衡。当然，这基本上只是投资第一年的一些规划，要随着张先生家庭状况的随时变化、投资项目风险的定期评估等而进行相应的调整（如表 7-11）。

表 7-10　张先生家庭投资规划前后的财务状况对比

项目	调整前			调整后		
	金额／元	比重／%	预期收益率／%	金额／元	比重／%	预期收益率／%
现金和活期存款	40000	21	0.5	20000	10.5	0.5
定期存款	150000	79	3.5			
货币市场基金				20000	10.5	3～5
债券型基金				50000	26.3	4～5
平衡型基金				50000	26.3	5～8
指数基金				50000	26.3	5～10
总额	190000	100		190000	100	

表 7-11　张先生家庭调整后年度收支表

收入	金额／元	比重／%	支出	金额／元	比重／%
工资	132000	65.35	日常支出	36000	23.7
			汽车按揭还贷	30000	19.6
奖金	70000	34.65	养车费用	14000	9.2
			旅游支出	8000	5.3
			基金定投	24000	15.8
			债券型基金	20000	13.2
			平衡型基金	20000	13.2
收入合计	202000	100	支出合计	152000	100
年余			50000		

实训要求

1. 分析"货币市场基金投资分析"案例，为其选择具体的货币市场基金品种。

2. 分析实训七教育规划案例，为其设计具体的基金投资组合计划。

3. 分析实训七退休规划案例，为该家庭设计具体的基金投资计划。

扫码练一练